筑梦青蓝

张磊／主编

基于《中学教师专业标准》的青年教师培养

中国出版集团　现代出版社

U0693212

图书在版编目（CIP）数据

筑梦青蓝：基于《中学教师专业标准》的青年教师
培养 / 张磊主编. — 北京：现代出版社，2021.5

ISBN 978-7-5143-9221-0

Ⅰ.①筑… Ⅱ.①张… Ⅲ.①青年教师—师资培养
Ⅳ.①G451.2

中国版本图书馆CIP数据核字（2021）第087141号

筑梦青蓝：基于《中学教师专业标准》的青年教师培养

作　　者	张　磊
责任编辑	袁　涛
出版发行	现代出版社
地　　址	北京市安定门外安华里504号
邮政编码	100011
电　　话	010-64267325　64245264
网　　址	www.1980xd.com
电子邮箱	xiandai@cnpitc.com.cn
印　　制	北京政采印刷服务有限公司
开　　本	710mm×1000mm　1/16
印　　张	11.5
字　　数	183千
版　　次	2021年5月第1版　　2021年5月第1次印刷
书　　号	ISBN 978-7-5143-9221-0
定　　价	45.00元

编 委 会

目 录

第三篇　博观薄发：教学研究

第四篇　桃李春风：德育工作

静待花开：
专业培训

①

中学教师专业标准（试行）

为促进中学教师专业发展，建设高素质中学教师队伍，根据《中华人民共和国教师法》和《中华人民共和国义务教育法》，特制定《中学教师专业标准（试行）》（以下简称《专业标准》）。

中学教师是履行中学教育教学工作职责的专业人员，需要经过严格的培养与培训，具有良好的职业道德，掌握系统的专业知识和专业技能。《专业标准》是国家对合格中学教师的基本专业要求，是中学教师实施教育教学行为的基本规范，是引领中学教师专业发展的基本准则，是中学教师培养、准入、培训、考核等工作的重要依据。

一、基本理念

（一）师德为先

热爱中学教育事业，具有职业理想，践行社会主义核心价值体系，履行教师职业道德规范，依法执教。关爱中学生，尊重中学生人格，富有爱心、责任心、耐心和细心；为人师表，教书育人，自尊自律，以人格魅力和学识魅力教育感染中学生，做中学生健康成长的指导者和引路人。

（二）学生为本

尊重中学生权益，以中学生为主体，充分调动和发挥中学生的主动性；遵循中学生身心发展特点和教育教学规律，提供适合的教育，促进中学生生动活泼学习，健康快乐成长，全面而有个性地发展。

（三）能力为重

把学科知识、教育理论与教育实践有机结合，突出教书育人实践能力；研究中学生，遵循中学生成长规律，提升教育教学专业化水平；坚持实践、反思、再实践、再反思，不断提高专业能力。

（四）终身学习

学习先进中学教育理论，了解国内外中学教育改革与发展的经验和做法；优化知识结构，提高文化素养；具有终身学习与持续发展的意识和能力，做终身学习的典范。

二、基本内容

基本内容表

维度	领域	基本要求
一、专业理念与师德	（一）职业理解与认识	1. 贯彻党和国家教育方针政策，遵守教育法律法规。 2. 理解中学教育工作的意义，热爱中学教育事业，具有职业理想和敬业精神。 3. 认同中学教师的专业性和独特性，注重自身专业发展。 4. 具有良好职业道德修养，为人师表。 5. 具有团队合作精神，积极开展协作与交流。
	（二）对学生的态度与行为	6. 关爱中学生，重视中学生身心健康发展，保护中学生生命安全。 7. 尊重中学生独立人格，维护中学生合法权益，平等对待每一名中学生。不讽刺、挖苦、歧视中学生，不体罚或变相体罚中学生。 8. 尊重个体差异，主动了解和满足中学生的不同需要。 9. 信任中学生，积极创造条件，促进中学生的自主发展。
	（三）教育教学的态度与行为	10. 树立育人为本、德育为先的理念，将中学生的知识学习、能力发展与品德养成相结合，重视中学生的全面发展。 11. 尊重教育规律和中学生身心发展规律，为每一名中学生提供适合的教育。 12. 激发中学生的求知欲和好奇心，培养中学生学习兴趣和爱好，营造自由探索、勇于创新的氛围。 13. 引导中学生自主学习、自强自立，培养良好的思维习惯和适应社会的能力。 14. 尊重和发挥好共青团、少先队组织的教育引导作用。
	（四）个人修养与行为	15. 富有爱心、责任心、耐心和细心。 16. 乐观向上、热情开朗、有亲和力。 17. 善于自我调节情绪，保持平和心态。 18. 勤于学习，不断进取。 19. 衣着整洁得体，语言规范健康，举止文明礼貌。

维度	领域	基本要求
二、专业知识	（五）教育知识	20. 掌握中学教育的基本原理和主要方法。 21. 掌握班级、共青团、少先队建设与管理的原则和方法。 22. 掌握教育心理学的基本原理和方法，了解中学生身心发展的一般规律与特点。 23. 了解中学生世界观、人生观、价值观形成的过程及其教育方法。 24. 了解中学生思维能力、创新能力和实践能力发展的过程与特点。 25. 了解中学生群体文化特点与行为方式。
	（六）学科知识	26. 理解所教学科的知识体系、基本思想与方法。 27. 掌握所教学科内容的基本知识、基本原理与技能。 28. 了解所教学科与其他学科的联系。 29. 了解所教学科与社会实践及共青团、少先队活动的联系。
	（七）学科教学知识	30. 掌握所教学科课程标准。 31. 掌握所教学科课程资源开发和校本课程开发的主要方法与策略。 32. 了解中学生在学习具体学科内容时的认知特点。 33. 掌握针对具体学科内容进行教学和研究性学习的方法与策略。
	（八）通识性知识	34. 具有相应的自然科学和人文社会科学知识。 35. 了解中国教育基本情况。 36. 具有相应的艺术欣赏与表现知识。 37. 具有适应教育内容、教学手段和方法现代化的信息技术知识。
三、专业能力	（九）教学设计	38. 科学设计教学目标和教学计划。 39. 合理利用教学资源和方法设计教学过程。 40. 引导和帮助中学生设计个性化的学习计划。
	（十）教学实施	41. 营造良好的学习环境与氛围，激发与保护中学生的学习兴趣。 42. 通过启发式、探究式、讨论式、参与式等多种方式，有效实施教学。 43. 有效调控教学过程，合理处理课堂偶发事件。 44. 引发中学生独立思考和主动探究，发展学生创新能力。 45. 发挥好共青团、少先队组织生活、集体活动、信息传播等教育功能。 46. 将现代教育技术手段整合应用到教学中。
	（十一）班级管理与教育活动	47. 建立良好的师生关系，帮助中学生建立良好的同伴关系。 48. 注重结合学科教学进行育人活动。 49. 根据中学生世界观、人生观、价值观形成的特点，有针对性地组织开展德育活动。

维度	领域	基本要求
三、专业能力	（十一）班级管理与教育活动	50. 针对中学生青春期生理和心理发展特点，有针对性地组织开展有益身心健康发展的教育活动。 51. 指导学生理想、心理、学业等多方面发展。 52. 有效管理和开展班级、共青团、少先队活动。 53. 妥善应对突发事件。
	（十二）教育教学评价	54. 利用评价工具，掌握多元评价方法，多视角、全过程评价学生发展。 55. 引导学生进行自我评价。 56. 自我评价教育教学效果，及时调整和改进教育教学工作。
	（十三）沟通与合作	57. 了解中学生，平等地与中学生进行沟通交流。 58. 与同事合作交流，分享经验和资源，共同发展。 59. 与家长进行有效沟通合作，共同促进中学生发展。 60. 协助中学与社区建立合作互助的良好关系。
	（十四）反思与发展	61. 主动收集分析相关信息，不断进行反思，改进教育教学工作。 62. 针对教育教学工作中的现实需要与问题，进行探索和研究。 63. 制定专业发展规划，积极参加专业培训，不断提高自身专业素质

三、实施建议

（1）各级教育行政部门要将《专业标准》作为中学教师队伍建设的基本依据。根据中学教育改革发展的需要，充分发挥《专业标准》的引领和导向作用，深化教师教育改革，建立教师教育质量保障体系，不断提高中学教师培养培训质量。制定中学教师准入标准，严把中学教师入口关；制定中学教师聘任（聘用）、考核、退出等管理制度，保障教师合法权益，形成科学有效的中学教师队伍管理和督导机制。

（2）开展中学教师教育的院校要将《专业标准》作为中学教师培养培训的主要依据。重视中学教师职业特点，加强中学教育学科和专业建设。完善中学教师培养培训方案，科学设置教师教育课程，改革教育教学方式；重视中学教师职业道德教育，重视社会实践和教育实习；加强从事中学教师教育的师资队伍建设，建立科学的质量评价制度。

（3）中学要将《专业标准》作为教师管理的重要依据。制定中学教师专业发展规划，注重教师职业理想与职业道德教育，增强教师育人的责任感与使命感；开展校本研修，促进教师专业发展；完善教师岗位职责和考核评价制度，健全中学教师绩效管理机制。中等职业学校教师参照执行。

（4）中学教师要将《专业标准》作为自身专业发展的基本依据。制定自我专业发展规划，爱岗敬业，增强专业发展自觉性；大胆开展教育教学实践，不断创新；积极进行自我评价，主动参加教师培训和自主研修，逐步提升专业发展水平。

珠海市第十三中学青年教师培养方案

珠海市第十三中学是一所崭新的学校，近三年内，每年加入的新教师比例都比较大，新教师的成长关系到学校的未来与发展。为了使新教师尽快适应教师岗位，为以后快速成长为骨干教师奠定扎实的基础，特制定此规范化培训要求。新教师规范化培训内容主要包括职业感悟与师德修养、课堂经历与教学实践、班级工作与德育体验、教学研究与专业发展、专业素养五大方面二十个要点。培训要求以经历这二十个要点的过程或完成这二十个要点的有关任务为主，把过程记录或结果填写在青年教师成长手册上，作为培训考核的依据。通过培训让新教师获得相应的感知、体验和感悟，最终能尽快胜任新的岗位工作。具体培训内容与要求如下。

一、职业感悟与师德修养

（1）新教师要对自己的职业发展有一定的规划，在导师指导下，每人制定一份个人三年发展规划（不少于2000字）。

（2）读一本教师职业生涯的专业书籍，写一份读书心得。

（3）完成不少于10篇教师职业生涯感悟随笔，包括对学校的规章制度、校园文化、备课方式、课堂教学、教研风气、师生关系、学生辅导、教师礼仪、学生群体、学校特色等方面的一事一议一得。

二、课堂经历与教学实践

（1）在导师指导下通读所教学科课程标准，在教研组内做一次课标解读专题发言。

（2）在通读所教年级教材的基础上，能对指定单元做教材分析与教案设计。在导师指导下完成一份经典教案编写、一份板书设计、一份说课提纲，并在教研组内说课。

（3）结合自己的兴趣爱好与个性特长，完成一门拓展型选修课的构思与教学大纲，设计一节选修课。

（4）除平时随班观课外，有目的、有针对性地观摩五节课，写出观课报告。有目的、有针对性地点评一节其他教师的课，写出观课评课小结。

（5）在导师指导下正确熟练掌握教育教学基本功，并在导师和备课组的帮助下上好两次上岗课，并对应对比，写出自评报告。

（6）编一次单元考试试卷，实测后做质量分析；针对有问题学生能采取相应的补救措施。在导师指导下完成一次期中或期末考试班级质量分析，并提出教学对策。

（7）研究近二年的中考或会考试题和考纲，有自己的分析和体验。

三、班级工作与德育体验

（1）就某个主题召开一次班干部会议或学生座谈会，就学生的某些问题做两次家访（效果分别由班干部、学生、家长评价）。

（2）在导师指导下策划并主持一次主题班会（效果由导师、学生分别评价）。

（3）在导师指导下写一份班级情况分析、两位学生个案分析。

四、教学研究与专业发展

（1）积极参与"润书香情怀，做幸福老师"系列读书活动，精读一本导师推荐的专业书，写出读书笔记；自学有关书籍。

（2）积极参与教研组活动，主动承担有关任务；在导师指导下策划并主持一次备课组活动。

（3）积极参与课题研究的专项学习培训，尽早参与课题研究。

（4）积极参与学校校本培训课程活动，对于校本培训课程有自己的思考与感悟。

五、专业素养

（1）积极练习硬笔书法，不断进步，参与新教师硬笔书法比赛。

（2）学习微课制作，录制一次微课，参与比赛。

（3）熟悉使用各种多媒体教学工具，能够自己熟练制作多媒体课件。

以上五大方面二十个要点，每一点都代表了新教师专业技能某一方面的培训要求。新教师要围绕这二十个要点，积极参与各项活动，填写青年教师成长手册。通过培训，新教师要达到这二十个要点的要求，尽快胜任教师岗位工作。

开题报告：《基于〈中学教师专业标准〉的青年教师培养》

——以珠海市第十三中学为例

一、研究背景

（一）政策背景

国运兴衰，系于教育。教师是教育事业发展的基础，党和国家历来高度重视教师队伍建设。

2012年颁布的《国务院关于加强教师队伍建设的意见》（国发〔2012〕41号）指出：以提高师德素养和业务能力为核心，全面强化教师队伍建设，为教育事业改革发展提供强有力的支撑。

2012年2月10日，教育部下发《关于印发〈幼儿园教师专业标准（试行）〉〈小学教师专业标准（试行）〉和〈中学教师专业标准（试行）〉的通知》，从三大维度、十四个领域、六十三条基本要求对教师的专业素质、教师实施教育教学行为的基本规范、教师专业发展等方面的内容做出了具体的指导与要求。

2018年1月，中共中央、国务院印发《关于全面深化新时代教师队伍建设改革的意见》，再次明确教师队伍建设的"极端重要性"。

以上文件的出台体现了党和国家对建设高素质专业化教师队伍的重视，也为如何培养教育专业化中学教师提供了导向和指引。

（二）区域及学校背景

南湾片区地理位置独特，是珠海市主城区香洲区的重要组成部分，但却是香洲教育的洼地。2019年2月，《粤港澳大湾区发展规划纲要》出台。一方面，地处重要枢纽位置的南湾片区发展潜力巨大；另一方面，它在教育上相对落后的现状与粤港澳大湾区对优质教育资源的需求不匹配。

珠海市第十三中学于2016年9月开办。作为南湾片区新建校，到2019年开办三年，毕业后分配来的青年新教师69人，占全校教师的64%，全校教师平均年龄32岁。教师队伍年轻化，教学经验缺乏，但可塑性强。加强师资建设，提高全校教师的教育教学能力，成为学校发展面临的重要问题。

以《专业标准》为规范与准则，结合珠海市第十三中学实际情况，探索一条青年教师培养之路，进而推动全校教师队伍建设，优化片区教育资源是本课题研究拟解决的问题。

二、核心概念和研究范围界定

（一）《专业标准》

《专业标准》是根据《中华人民共和国教师法》和《中华人民共和国义务教育法》制定的，由教育部于2012年2月10日下发。它具体分三大维度、十四个领域、六十三条基本要求。《专业标准》是国家对中学教师专业成长的基本要求。它对教师的品德、教学能力提出了明确要求，对教师专业水平提供了具体的评价标准。它是中学教师实施教育教学行为的基本规范，是引领中学教师专业发展的基本准则，是中学教师培养、准入、培训、考核等工作的重要依据。

（二）青年教师

青年教师一般指专门从事教学与科研工作、年龄在35周岁以下的专任教师。在本课题中，青年教师是指自学校2016年开办以来，以毕业生身份到学校入职的新任教师。

三、国内外研究现状和不足

目前，有关国外研究的资料我们涉猎不多，能找到的文献资料多以各学科在职培训为主。在国内研究方面，以"中学青年教师培养"和"中学青年教师队伍建设"为主题，在中国知网分别搜索到47篇与23篇相关的研究论文。现有研究主要集中在"教师专业技能""管理模式""培训的策略"和

"问题的解决"等方面，其中以上海市和江浙地区的研究为主。在对国内研究现状进行思考分析后，我们发现主要有以下不足。

（一）培训方向欠清晰，缺乏专业标准

例如，陈嶝在《中学青年教师队伍建设研究》中根据中学青年教师的特点相应地提出了五点改进措施和建议。其研究对青年教师队伍建设和培训缺乏相关的标准，研究成果也因此缺乏普适性的意义。

（二）内容体系欠完整，缺乏系统规划

不少研究者仅将目光聚焦在教师培养的某个方面，不能从全面提升教师的各项能力进行研究。如张文华以江苏省丹阳市第八中学为例，探索青年教师教学实践专业化继续教育工作策略。该项研究只是从教学实践方面进行总结，而对于专业理念与师德培养、德育工作、教育科研能力却没有涉及。

（三）培训周期欠持续，缺乏长期指引

例如，华东师范大学的王萍萍对上海市中小学见习教师规范化培训内容进行研究，但研究只关注教师在见习期的培训，没有从更长的周期去跟踪、研究青年教师的发展动向，不利于教师养成终身学习的习惯。

（四）培训形式欠多样，缺乏足够吸引

目前的培养形式以讲座、赛课为主，形式相对单一。陈静在《浅谈把好培养中学青年教师的"五关"》一文中提到，要以基本功比赛、参加校以上的教研活动、参加层次较高的业务培训班等形式培养青年教师，但较单一的形式对教师缺乏足够的吸引力。

（五）评价方式欠全面，缺乏激励机制

目前对于青年教师培养的发展性评价主要集中在大学及高职院校，中学的相关研究成果非常匮乏。李银玲在《中学青年教师专业素质及提升研究》的学位论文中指出，提升中学青年教师专业素质的策略之一是完善教师评价制度，然而其提出评价的方式过于单一，不利于激发教师的积极性。

四、研究目标

（1）依据《专业标准》开发青年教师培养课程，形成专业成长方案。

（2）以青年教师成长营为主阵地，培养师德，熟悉教育教学过程，提高教学能力，在2～3年内完成以《青年教师成长手册》为载体的研修任务。

（3）以集体研修和个人自修为组织形式，建设高素质的教师队伍。

五、研究内容和方法

（一）研究内容

（1）研读《专业标准》，结合青年新教师初始阶段的发展需求，对其中的中学教师专业核心能力进行提炼与整合。梳理《中学教师专业标准》的整体框架，从"专业理念与师德""专业知识""专业能力"三个维度出发，到其下设的十四个领域，再到各领域下设的六十三条基本要求，提炼与整合出青年教师培养的五大模块：职业感悟与师德修养、课堂经历与教学实践、班级工作与德育体验、教学研究与专业发展、专业素养。

（2）对照《专业标准》的具体要求，对青年教师培养的五大模块内容进行细化，制定青年教师培养的二十项具体内容，设计《青年教师成长手册》。

（3）研究探索青年教师培养的有效新模式。

① 开发青年教师培养校本系列课程。围绕青年教师培养的五大模块及二十项具体内容开发设计校本课程。通过专题讲座、主题分享、研讨沙龙、课堂实践、观课评课、技能比赛等形式提升青年教师的专业能力。

② 实施青年教师培养校本系列课程。成立青年教师成长营，启动青年教师研修工程，聘任骨干教师为青年教师的专业成长导师，进行师徒结对，以骨干教师引领青年教师快速成长；引入各种校外的优质培训资源，邀请省市名师、名班主任等，以专题讲座、沙龙研讨等方式助力青年教师学习提升；以青年教师研修工程为依托，以研修任务为驱动，通过集体研修和个人自修的方式指引青年教师循序渐进、有规划地学习，建立学习型组织。

③ 建立青年教师发展的多元评价体系。对青年教师进行个性化、阶段性的反馈、指导与建议。通过自评、备课组评价、导师评价、行政评价、学生评价等多种形式，促进教师反思、自主发展，并形成青年教师成长个性化档案。

④ 形成青年教师培养的多渠道模式。以党建工作为引领，依托张磊"好书记工作室"、优质党建项目"双培双带工程"等项目，将党建工作与青年教师的培养有机结合，助力推进青年教师的培养工作。

⑤ 提供青年教师培养的制度保障。结合学校的实际情况及发展规划，研讨出台《珠海市第十三中学新教师规范化培训内容与要求（试行）》《珠海

市第十三中学青年教师研修制度（试行）》《青年教师培养方案》，从制度上保障此项工作的有序、有效开展。

（二）研究方法

1. 文献研究法

了解国内外对中学教师专业发展与培养的相关研究，总结国内外的研究成果及实践经验，为课题的研究提供参考。

2. 行动研究法

行动研究法大体包括计划、行动、观察和反思四个环节。前期制定学校青年教师培养的基本框架及实践计划，再在实践中不断进行观察—反思—调整，最终形成完善的教师培养和发展体系。

3. 观察法

通过行政推门课、青年教师验收课等方式，深入课堂，观察教师教学表现。

4. 问卷调查法

定期对教师、学生、家长等发布调查问卷，对青年教师培养过程进行追踪与管理。

六、研究思路和研究计划

（一）研究思路（见图1）

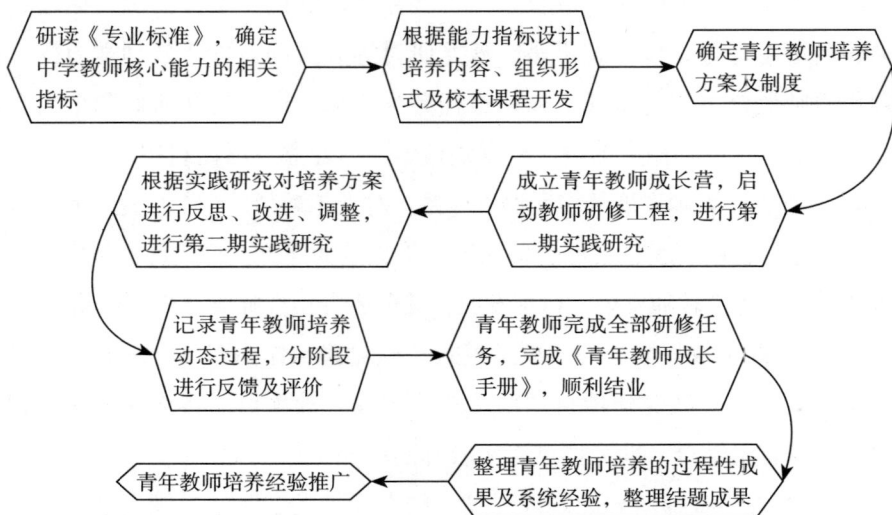

图1　研究思路

（二）研究计划

研究计划表

计划阶段 （起止年月）	主要内容	考核指标、成果
2016年9月	制订实施方案、组织全体教师学习、启动研修工程	青年教师培养方案细则、教师培养制度
2019年10月— 2020年10月	实施研修工程、"双培双带"、开展青年教师教学基本功大赛、骨干教师示范课、名师讲座、沙龙研讨、教学论文评比、专业理论考试、参与市区各级教学技能比赛、撰写开题报告	青年教师研修手册、课例集、论文汇编、青年教师研修总结
2020年11月— 2020年12月	统计分析、撰写研究报告、汇编成图书专著	图书、总结性研究报告、案例集

七、本课题的创新之处

本课题的创新之处主要在于依据中学教师专业发展标准，探索青年教师培养新模式，突出实践性、可操作性、可持续性。本课题的创新点主要有以下几个方面。

（一）培养目标方向性

本研究是基于《中学教师专业标准》展开的，培养目标以标准为依据，方向清晰，在教师专业发展目标上与国家要求的方向一致。

（二）培养内容系统性

青年教师培养的内容包含五个模块，下设二十个具体项目，涵盖了教师专业能力的各个方面，能系统提升青年教师的专业能力。

（三）培养过程常态化

青年教师集体研修每周按固定时间、固定地点进行，并且部分研修的内容贯穿青年教师的日常教学实践中，切实保障培养的有效性。

（四）培养形式多样化

改变传统校本培训单一的"授受"模式，以集体研修和个人自修为组织形式，通过讲座、骨干教师示范课（听评课活动）、沙龙研讨、教师比赛、专业理论考试、集体备课、教师专业素养培训（板书、发音、书法、实验操作技能等）、课题研究等多样化的形式推进培训，提高培训的参与度，保证培训的效果。

（五）评价体系发展性

形成个性化的教师发展多元评价体系，给予个性化、阶段性的反馈、指导与建议。

八、研究基础

（一）对内：修炼内功，小荷露角

学校办学伊始至今，不间断地开展青年教师培养。许多青年教师成长快、进步大，崭露头角，脱颖而出，成绩喜人。

近四年青年教师发展成绩概况

个人获奖（人次）	课题（项）	指导学生获奖（人次）
201	18	910

青年教师参加教学能力比赛获奖情况

等级	参赛人数	一等奖	二等奖	三等奖
区赛	12	4	6	2
市赛	8	4	4	

青年教师参加2019年"一师一优课，一课一名师"活动获奖情况

等级	市级优课	省级优课	部级优课
获奖人数	26	15	8

青年教师参加香洲区第二届班主任能力大赛获奖情况

参赛教师	笔试综合测试	情景答辩	主题班会	成长故事	综合能力	合计（项）
黎嘉玲	一等奖	一等奖	一等奖	一等奖	一等奖	5
孙嘉君	一等奖				二等奖	2

青年教师代表珠海市参加省级赛事获奖情况

参赛教师	比赛名称	获奖等次
龙阳胜	广东省中学语文青年教师课堂教学展示比赛	三等奖
陈跃璇	广东省第三届中学地理微课现场制作比赛	一等奖
郑玉祥	广东省中学生物实验操作与创新技能竞赛	一等奖

（二）对外：辐射引领，示范带动

1. 获得专家指引与高度肯定

课题主持人张磊2017年4月参加北京教育创新研究院全国第四期校长"教育创新与校长领导力提升班"，制订的"新学校新教师培养行动计划"获最佳案例。北师大中国教育创新与校长领导力提升中心首席专家杜绍基教授评价："青年教师是新建学校的主力军，也是教师队伍建设中的重点关注对象，主题适切有价值。行动计划对问题的界定是很清晰的。落实行动计划的培训内容紧扣教师专业标准，符合教师发展规律，是很全面的。同时措施是具体、可操作的。"

2. 依托优质党建项目，区内示范引领

课题主持人张磊为珠海市香洲区首批"好书记工作室"主持人，学校获评珠海市香洲区"双培双带工程"示范学校，是全区探索研究教师队伍建设的排头兵，将对香洲区起示范引领作用。

3.《珠海教育》专题报道推广学校青年教师培养经验和做法

该刊2019年第1期刊登了《研修课程促青年教师成长》一文，系统总结了学校在青年教师培养方面的经验，并发表了5位青年教师的研修心得，对市内其他学校具有一定的借鉴意义。

4. 吸引各省、市及区内教师团、校长跟岗学习交流

学校承接来自云南等省市的学习交流项目合计200多人次，介绍青年教师培养的经验。

5. 珠海市第十三中学经验走进中国教博会

2018年11月12日，课题主持人张磊作为主讲嘉宾，应邀参加中国第四届教育创新成果公益博览会，在"从优秀到卓越的学校管理"论坛板块中做主题发言。张磊以"凝聚共同使命，引领新校发展——珠海市第十三中学关于青年教师成长营的探索与实践"为题，在全国教育博览会上做经验分享，获得高度评价，引起极大反响。

九、人员分工

（略）

十、经费安排和预计成果

（一）经费预算

（略）

（二）预计成果

预计成果表

序号	成果名称	成果形式
1	基于《专业标准》的青年教师培养——以珠海市第十三中学为例	研究报告
2	基于《专业标准》的青年教师培养——以珠海市第十三中学为例	图书
3	青年教师成长手册	案例集
4	珠海市第十三中学青年教师研修总结	案例集
5	珠海市第十三中学青年教师优秀课例集	录像课
6	珠海市第十三中学青年教师优秀论文	论文集
7	珠海市第十三中学青年教师成长档案袋	资料袋
8	珠海市第十三中学青年教师精品微课集	电子资源

参考文献

［1］教师专业标准研究课题组.中学教师专业标准［S］.北京：北京师范大学出版社，2012.

［2］陈嶝.中学青年教师队伍建设研究［D］.武汉：华中师范大学，2011.

［3］王萍萍.上海市中小学见习教师规范化培训内容研究［D］.上海：华东师范大学，2018.

［4］李银玲.中学青年教师专业素质及提升研究［D］.西安：陕西师范大学，2016.

［5］张文华.青年教师教学实践专业化成长的策略研究［J］.中小学管理，2014（8）.

［6］陈静.浅谈把好培养中学青年教师的"五关"［J］.滁州师专学报，1999（4）.

［7］刘岗，牛慧宁.教师教育政策目标的一致性研究——基于《教师教育课程标准（试行）》与《中学教师专业标准（试行）》的比较分

析［J］.教育理论与实践，2019，39（31）：25-29.

［8］杨桂芝.初中青年教师专业发展的现状研究［D］.北京：首都师范大学，2011.

［9］秦鑫鑫.基于问题的教师专业学习研究［D］.上海：华东师范大学，2018.

［10］张岩.全新构建教师培训学区化管理模式［N］.中国教师报，2020-06-03（015）.

第一篇　静待花开：专业培训

《珠海市第十三中学青年培养方案》与《中学教师专业标准》对照比较一览表

对照比较表

青年研修内容 五个模块（一级指标）、二十项具体任务			中学教师专业标准 三大维度、十四个领域、六十三条基本要求	
模块	培训内容	维度	领域	
职业感悟与师德修养	制定个人三年发展规划（不少于2000字）	一、专业理念与师德	（一）职业理解与认识 （二）对学生的态度与行为 （三）教育教学的态度与行为 （四）个人修养与行为	
	读一本教师职业生涯的专业书籍，写一份读书心得			
	10篇教师职业生涯感悟随笔			
课堂经历与教学实践	通读学科课程标准，专题发言提纲	二、专业知识 三、专业能力	（五）教育知识 （六）学科知识 （七）学科教学知识 （九）教学设计 （十）教学实施 （十四）反思与发展	
	单元教材分析、教案编写、板书设计、说课提纲			
	完成一门拓展型选修课的构思与教学大纲，设计一节选修课			
	观摩听课记录表，五节观课报告，写出一份观课小结			
	上岗课			
	编写单元考试试卷，实测后做质量分析、完成期中或期末考试班级质量分析			
	近三年中考或会考专题研究			

模块	培训内容	维度	领域
班级工作与德育体验	就某个主题召开一次班干部会议或学生座谈会，两次家访	三、专业能力	（十一）班级管理与教育活动 （十二）教育教学评价 （十三）沟通与合作
	策划并主持一次主题班会		
	写一份班级情况分析，两名学生个案分析		
教学研究与专业发展	"润书香情怀，做幸福教师"系列读书活动	二、专业知识	（八）通识性知识
	策划并主持一次备课组活动		（七）学科教学知识
	课题研究专项学习培训	三、专业能力	（十四）反思与发展
	校本培训课程活动		
专业素养	硬笔书法	二、专业知识	（八）通识性知识
	微课制作		（十）教学实施
	多媒体课件的使用、制作、记载	三、专业能力	

第一篇 静待花开：专业培训

珠海市第十三中学青年教师成长手册（样表）

（试行）

姓　　　　名 _____

教学指导教师 _____

班主任指导教师 _____

青年教师成长记录册内容与记录要求

	培训内容	记录表单
职业感悟与师德修养	制定个人三年发展规划（不少于2000字）	表一
	读一本教师职业生涯的专业书籍，写一份读书心得	表二
	10篇教师职业生涯感悟随笔	表三
课堂经历与教学实践	通读学科课程标准，专题发言提纲	表四
	单元教材分析、教案编写、板书设计、说课提纲	表五至表八
	完成一门拓展型选修课的构思与教学大纲，设计一节选修课	表九、表十
	观摩听课记录表，五节观课报告，写出一份观课小结	表十一至表十三
	上岗课	表十四
	编写单元考试试卷，实测后做质量分析、完成期中或期末考试班级质量分析	表十五至表十七
	近三年中考或会考专题研究	表十八

	培训内容	记录表单
班级工作与德育体验	就某个主题召开一次班干部会议或学生座谈会，两次家访	表十九至表二十一
	策划并主持一次主题班会	表二十二
	写一份班级情况分析，两名学生个案分析	表二十三、表二十四
教学研究与专业发展	"润书香情怀，做幸福教师"系列读书活动	表二十五、表二十六
	策划并主持一次备课组活动	表二十七
	课题研究专项学习培训	表二十八
	校本培训课程活动	表二十九
专业素养	硬笔书法	表三十
	微课制作	表三十一
	多媒体课件的使用、制作、记载	表三十二
协议与评价	导师带教协议	表三十三、表三十四
	对新教师的评价	表三十五

一、职业感悟与师德修养

个人三年发展规划（表一）

```
导师评议：




（可附页）
签名：                              日期：
```

第一篇 静待花开：专业培训

教师职业生涯专业书籍读书心得（表二）

书名：＿＿＿＿＿＿＿＿＿＿＿＿＿＿＿＿＿＿＿＿＿＿＿＿＿＿＿

体会：＿＿＿＿＿＿＿＿＿＿＿＿＿＿＿＿＿＿＿＿＿＿＿＿＿＿＿

＿＿＿＿＿＿＿＿＿＿＿＿＿＿＿＿＿＿＿＿＿＿＿＿＿＿＿＿＿＿＿

＿＿＿＿＿＿＿＿＿＿＿＿＿＿＿＿＿＿＿＿＿＿＿＿＿＿＿＿＿＿＿

导师评语：＿＿＿＿＿＿＿＿＿＿＿＿＿＿＿＿＿＿＿＿＿＿＿＿＿

＿＿＿＿＿＿＿＿＿＿＿＿＿＿＿＿＿＿＿＿＿＿＿＿＿＿＿＿＿＿＿

＿＿＿＿＿＿＿＿＿＿＿＿＿＿＿＿＿＿＿＿＿＿＿＿＿＿＿＿＿＿＿

　　　　　　　　　　　　　　签名：＿＿＿＿＿　日期：＿＿＿＿＿

职业生涯感悟随笔1（表三）

＿＿＿＿＿＿＿＿＿＿＿＿＿＿＿＿＿＿＿＿＿＿＿＿＿＿＿＿＿＿＿

＿＿＿＿＿＿＿＿＿＿＿＿＿＿＿＿＿＿＿＿＿＿＿＿＿＿＿＿＿＿＿

导师评语：＿＿＿＿＿＿＿＿＿＿＿＿＿＿＿＿＿＿＿＿＿＿＿＿＿

＿＿＿＿＿＿＿＿＿＿＿＿＿＿＿＿＿＿＿＿＿＿＿＿＿＿＿＿＿＿＿

＿＿＿＿＿＿＿＿＿＿＿＿＿＿＿＿＿＿＿＿＿＿＿＿＿＿＿＿＿＿＿

（可附页）

　　　　　　　　　　　　　　签名：＿＿＿＿＿　日期：＿＿＿＿＿

二、课堂经历与教学实践

专题发言提纲（表四）

通读所教学科课程标准，在教研组内做一次课程标准解读专题发言

其他教师评议：

　　　　　　　　　　　　　　　　　　　　　　日期：

导师评议：

　　　　　　　　　　　　　　签名：　　　　　日期：

单元教材分析（表五）

年级		单元内容		课本页码	第　　　页至第　　　页

1.本单元教材的作用与地位：

2.教学目标：

3.教材的重点、难点与关键：

4.教学方法和手段的设计：

5.关于思想教育、行为习惯的培养及学习方法指导的设计：

6.课时安排：

7.其他：

单元分析者＿＿＿＿＿＿

年　　　月　　　日

导师评议：

签名：　　　　　　日期：

教案（表六）

在导师指导下编写一节课的教案，并在备课组或教研组活动中说课

导师评议：

（请另附教案纸）

签名：　　　　　　日期：

板书设计方案（表七）

导师评议：
签名： 日期：

说课提纲（表八）

导师评议：
签名： 日期：

设计一门拓展型选修课的构思与教学大纲（表九）

一、课程名称
二、课程目标
三、课程内容

四、课时安排
五、考核要求
导师评议：
签名： 日期：

设计一节选修课（表十）

学科		年级与班组		教学形式	
一、选修课课题的设定					
二、教学目标					
三、教学内容与教学过程等					
四、教学反思					
五、导师评语					

学期听课情况记录表（表十一）

_____年___月至_____年___月，本人任教年级____学科___

次	日期	学科	年级班级	教学内容	执教教师
1					
2					
…					
导师评议：					
				签名： 日期：	

第一篇 静待花开：专业培训

观课报告（表十二）

1	日期		节次		班级		课题		执教教师	

导师评议：

签名：　　　　日期：

观课小结（表十三）

_____

_____

_____

_____

_____

_____

_____

_____

上岗课课堂教学设计与教案（一）（表十四）

学校		年级班级		执教时间	年　月　日　午第　节
课题		执教教师		学科	
目标与要求				设计要点	
教学过程的组织与实施					

自我评价	
导师评价	

（后附教案）

指导教师_____（签名）

教案内容（一）

_____

_____

_____

_____

_____

_____

请附教案纸

板书设计方案（一）

导师评议：
签名：　　　　日期：

第一篇　静待花开：专业培训

单元检查、试卷命题（表十五）

（试题、解答与评分意见，请另附页。）

试卷命题人＿＿＿＿＿＿
审　题　人＿＿＿＿＿＿
　　　　年　　月　　日

导师评议：

签名：　　　　　　　日期：

单元检查质量分析报告（表十六）

学校		年级班级			单元内容			检查日期			
成绩一览表	100	90~99	80~89	70~79	60~69	50~59	40~49	40以下	参加检查总人数	班级平均分	班级及格率	班级优良率

逐题得分率分析：

对本次检查所反映学生质量的总体评价和对试题的评价：

根据学生在检查中所发生的错误、存在的问题来检讨自己的教学，安排后续教学措施：

对有显著进步的学生和困难学生的原因分析：

质量分析人＿＿＿＿＿＿＿＿
　　　　　年　　月　　日

导师评议：

签名：　　　　　　　　日期：

期中或期末考试质量分析报告（表十七）

学校		年级班级			考试内容			考试日期			

成绩一览表	100	90~99	80~89	70~79	60~69	50~59	40~49	40以下	参加检查总人数	班级平均分	班级及格率	班级优良率

逐题得分率分析：

对本次检查所反映学生质量的总本评价和对试题的评价：

从学生在检查中所发生的错误、存在的问题来检讨自己的教学，后续教学的措施：

对有显著进步的学生和困难学生的原因分析：

质量分析人＿＿＿＿＿＿

年　　月　　日

导师评议：

签名：　　　　　　　　日期：

第一篇　静待花开：专业培训

三、班级工作与德育体验

班干部会议记录单（表十九）

会议主题：
出席成员：
会议记录：
班干部评价：
导师评议：   签名：　　　　　日期：

学生座谈会记录单（表二十）

会议主题：
出席对象：
会议记录：
学生评价：
导师评议：
签名：　　　　　　　　日期：

学生家庭访问个案记载与分析1（表二十一）

学生姓名		年龄		性别		年级班级		担任工作		兴趣爱好	
家长	父	年龄		工作单位				职务		电话	
	母										
家庭住址				电话			邮编				
家访目的											
家访后回忆实况记载											
情况分析											
后续教育记载											

家长评价	
导师评议：	

签名：　　　　　　日期：

教师_____

年　　月　　日

主题班会设计与教案（表二十二）

学校		年级班级		执教时间	年　月　日　午第　　节
班会主题				执教教师	
目标与要求				设计要点	
主题班会的组织与实施					
自我评价					
导师评价					

（另附教案）

指导教师_____（签名）

班级情况分析报告（表二十三）

班级概况：
突出优缺点分析：
对策与教育建议：
导师评语：

学生个案分析与研究（表二十四）

学生姓名		年龄		性别		年级班级		担任工作		兴趣爱好	
学生基本情况											
个案分析主题											
个案分析											
跟踪研究											
导师评议： 　　　　　　　　　　　　　　签名：　　　　　　　日期： 　　　　　　　　　　　　　　教师_____ 　　　　　　　　　　　　　　　　　　　　年　　月　　日											

四、教学研究与专业发展

导师推荐的专业书读书笔记（表二十五）

导师推荐书名：
读书笔记：
导师评议： 　　　　　　　　　　　　　　签名：　　　　　　　日期：

新教师自学读书记载（表二十六）

序号	书名	时间	交流方式
1			
2			
…			
导师评议：			

签名：　　　　　　　　　日期：

主持备课组活动记录（表二十七）

备课组活动名称：

出席成员：

过程设计与实施：

个人反思：

导师评议：

课题研究专项学习培训记录（表二十八）

导师评议：

签名：　　　　　　　　　日期：

校本课程培训记录1（表二十九）

导师评议：

签名：　　　　　　日期：

五、专业素养

硬笔书法（第一次）（表三十）

微课制作（表三十一）

学校		年级班级		执教时间	年　月　日　午第　　节		
课题				执教教师		学科	
目标与要求			设计要点				
教学过程的组织与实施							
自我评价							
导师评价	（后附教案） 指导教师_____（签名）						

教具或多媒体课件的使用、制作、记载（表三十二）

年　月　日	年级班级	教具或课件的名称	效果说明	是否本人制作

六、协议与评价

新教师学科带教协议书（表三十三）

学校		年级班级		学科		带教时间	年 月至 年 月
新教师		指导教师		职称		教研组长	

（可将协议书粘贴于以下空白处）

新教师_____（签名）

指导教师_____（签名）

教研组长_____（签名）

年 月 日

新教师、班主任工作带教协议书（表三十四）

学校		年级班级		学科		带教时间	年 月至 年 月
新教师		指导教师		职称		年级主任	

（可将协议书粘贴于以下空白处）

新教师_____（签名）

指导教师_____（签名）

年级主任_____（签名）

年 月 日

对新教师的评价（表三十五）

学科指导教师评语
导师_____（签字） 日期_____

班主任指导教师评语
导师＿＿＿＿（签字） 日期＿＿＿＿
学校评语
导师＿＿＿＿（签字） 日期＿＿＿＿

珠海市第十三中学教师成长发展档案

教师成长发展档案表

<table>
<tr><td colspan="6" align="center">珠海市第十三中学教师成长发展档案</td></tr>
<tr><td colspan="6">时间：　　　　　　　　学年度：第一学期</td></tr>
<tr><td colspan="6">姓名：　　　　　　　　学科：　　　　　　　　年级：</td></tr>
<tr><td colspan="6">学校核定：（一）常规　A　B　C　D　E　W　N　（二）其他　A　B　C　D　W
（三）班主任　A　B　C　W　（四）加分　A　B</td></tr>
<tr><td align="center">细则</td><td align="center">评价标准</td><td align="center">自评</td><td align="center">组评</td><td align="center">学校审核</td></tr>
<tr><td colspan="5">（一）常规项目</td></tr>
<tr><td colspan="5">1. 师德建设</td></tr>
<tr><td>① 师德高尚，履行职责，教书育人，师生评价好</td><td>全部完成，计A</td><td></td><td></td><td></td></tr>
<tr><td>② 不体罚和变相体罚学生</td><td>违反B、C、D中的一项，计N</td><td></td><td></td><td></td></tr>
<tr><td>③ 悉心教育，不做有偿家教</td><td></td><td></td><td></td><td></td></tr>
<tr><td>④ 履行师德建设承诺书</td><td></td><td></td><td></td><td></td></tr>
<tr><td colspan="5">2. 上班考勤</td></tr>
<tr><td>按时上下班，严格履行请假制度，落实请假审批制度</td><td>全勤，计A</td><td></td><td></td><td></td></tr>
<tr><td></td><td>履行请假制度，累计总数5天（含5天）之内，计B</td><td></td><td></td><td></td></tr>
<tr><td></td><td>请假累计总数6～15天，计C</td><td></td><td></td><td></td></tr>
<tr><td></td><td>请假累计15天以上，计D</td><td></td><td></td><td></td></tr>
<tr><td></td><td>没有履行请假制度，计N</td><td></td><td></td><td></td></tr>
</table>

细则	评价标准	自评	组评	学校审核
3. 工作安排				
服从学校工作安排，完成各项教育教学活动	符合，计A			
	部分完成，计B			
	不服从完成，计N			
4. 安全管理				
① 校内交通、食品、消防、教学安全，人人参与，人人有责	全部完成，计A			
② 办公室切实按照学校用电及校园安全管理要求，不违规用电，禁止使用大功率电器，乱拉电源及蒸煮饭菜	违反三项之一，一次计B			
③ 年级办公室设公用饮水机、烧水壶，禁止个人在办公台烧水泡茶	违反三项之一，两次计C			
	违反三项之一，三次及以上计D			
	因个人原因酿成安全事故，计N			
5. 教职工大会暨科组教研活动				
	按时出席，计A			
	无故缺席或迟到、早退，一次计B			
	无故缺席或迟到、早退，两次计C			
	无故缺席或迟到、早退，三次及以上计D			
6. 升旗				
	按时出席，计A			
	无故缺席或迟到、早退，一次计B			
	无故缺席或迟到、早退，两次计C			
	无故缺席或迟到、早退，三次及以上计D			

细则	评价标准	自评	组评	学校审核
7. 重大学校年级活动，家长会、消防演练等				
	按时出席，计A			
	无故缺席或迟到、早退，一次计B			
	无故缺席或迟到、早退，两次计C			
	无故缺席或迟到、早退，三次及以上计D			
8. 上课				
① 课时量不少于规定（兼职学校安排的其他工作，视为满工作量）	完成全部指标，计A			
② 按照课表上课，无迟到、早退，无旷课现象	缺一个指标，计B			
③ 有教案	缺两个指标，计C			
④ 板书规范，美观实用	缺三个指标及以上，计D			
	未上课或未安排完整学期授课任务，计W			
9. 教案				
按照教龄分为老、中、青三个部分，其中教龄10年以下为青年，11～20年为中年，20年以上为老教师。青年教师要求手写详案，包括教学目标、教学重难点、教学方法、教学过程、板书设计、教后反思；中年教师第一轮教学要求手写详案（可以比青年教师略简，但各项教案格式细节都要有），以后可以在此基础上做增减修改；老教师可以写简案，着重教学流程设计，突出教学重点、难点	完成全部教案，计A			
教案等级评定方法：以章节内容为标准计算教案数（具体数量由备课组完一）	完成80%，计B			

细则	评价标准	自评	组评	学校审核
	完成60%，计C			
	未上交，计N			
10. 作业				
学科特点决定作业批改量和批改所需时长不同				
经征集各备课组、科组意见，各科作业量以学期一个班为单位计，将以上作业量告知学生，并由教务处及教研组共同对教师批改情况确定等级	按要求完成，计A			
语文包括练习、读书笔记、周记、小测、积累等不少于48次，作文不少于8次（含测试）	完成80%，计B			
数学每课时有作业，含书本、周练，批改不少于48次，测试另计	完成60%，计C			
英语批改不少于30次，作文不少于10次，测试另计	完成60%以下，计N			
生物批改不少于4次，测试另计	未要求，计W			
地理批改不少于4次，测试另计				
历史批改不少于4次，测试另计				
政治批改不少于4次，测试另计				
11. 教学工作手册				
① 教师每学期听课不少于16节。35周岁以下的教师一学期听课不少于20节。试用期，教师第一学年每学期不少于40节	完成全部指标，计A			
② 听课过程写入教学工作手册	缺一个指标，计B			
③ 听课记录具体翔实，重在点评	缺两个指标，计C			
④ 教学进度表、教学计划和总结	缺三个指标，计D			
⑤ 填写期中、期末成绩分析表	没有听课记录，计N			

筑梦青蓝
：基于《中学教师专业标准》的青年教师培养

细则	评价标准	自评	组评	学校审核
12. 考试				
单元测试、期中期末考试、年级培优测试等由备课组、年级、学校统一安排的可以认定为考试	完成全部指标，计A			
① 积极参与命题，命题质量高	缺一个指标，计B			
② 认真监考，不做与监考无关的事	缺两个指标，计C			
③ 参与备课组阅卷、登分	缺三个指标及以上，计D			
④ 考后做好成绩分析，及时改过	未要求参与，计W			
13. 教学成绩				
取每学期期末成绩进行计算，带多个班级，取所教班级总平均分	① 与前一次期末成绩相比，所带班级增值评价总体进步			
	② 所带班级总平均分超过年级平均分且高于起始位置 符合其中一项，计A 关于起始位置说明：语、数、英参照前测学科位置，政、史、地、生参照前测班级位置，初二物理参照七下期末班级位置，初三化学参照八下期末班级位置，中途接班参照接班前一学期期末成绩位置			
	所带班级增值评价退步在10分（标准分）以内，计B			
	所带班级增值评价退步在10分（标准分）以上，计C			
	未要求参与，计W			

且思且行：
职业发展

2

引　言

思考，是教师最美的姿态

杨晓辉

社会认知体系中，对教师职业有一个刻板印象，特别是对于中小学教师，大多数人认为，教师的职业比较死板，甚至很多教师自己也这样认为，25岁就可以预见自己55岁在做着什么，在预设的框架里简单重复、平淡枯燥。而事实恰恰相反，教师面对的是一个个在快速成长的鲜活生命，教师是一个每天跟学习打交道的职业，容不得重复与枯燥。要打破职业发展惯性，成为一个有成就感和幸福感的教师，思考应是工作常态，思考是一名教师的最美姿态。在本书中，"新教师三年职业生涯规划"与"职业生涯感悟随笔"板块充分体现了学校青年教师的思考力与新风貌。

"职业生涯规划"是对职业的顶层设计，是个人事业发展的蓝图，是实现职业梦想的具体方案。个人与组织相结合，对个人主客观条件进行测定、分析，对自己的兴趣、爱好、能力、特点进行综合与权衡，根据自身职业倾向，确定职业奋斗目标，并为实现这一目标做出行之有效的安排，这个过程即"职业生涯规划"。

本书中，完成撰写"个人三年发展规划"对青年教师职业大厦的基础——入职之初三年的成长，具有引领作用。青年教师从大学校园走入另一个校园，看似平稳过渡的表面之下其实充满了对职业未知的不安与迷茫，这时候沉下心去思考"我是谁"（明确自身特点与教师职业的契合优劣势）、"我想干什么"（职业兴趣）、"我能干什么"（职业能力）等问题，将帮助青年教师更快地站稳讲台、立住职业。

按行业惯例，一般三年是一个小循环。第一年，青年教师需要适应学校节奏、学习教学常规、参加学科专业培训、请教学校老师、管理班级常规、准备新教师上岗课等。经过第一年的摸爬滚打，第二年，我们可以积累教学案例、参加一些比赛、落实自己的小想法，还应走出去，参加校外交流。有了前两年的积累，第三年，我们继续实践与沉淀，摸索自身的教学风格，在有了常规的基础上进行教育教学方法的创新。三年完成，职业发展就可以高枕无忧了吗？职业生涯规划是动态的过程，为避免职业倦怠与止步"高原"现象，我们常需要跳到高处全盘观望、高屋建瓴，从现在的自己看到将来的自己，用思考来带动脚步，宁静专注，行稳致远。

"吾日三省吾身""博学、笃志、切问、近思"，随笔是一线教师"反省"与"近思"的好方法。喜欢写随笔的教师是教育工作的有心人。随笔是教育思想与教学方法的总结，是反溯教学遗憾的提炼，是问题发现与解决的探索，是师生碰撞思想火花的记录，是教学设计细节与智慧的打磨，是写作能力与教学科研水平的提升。随笔闪耀着个性的光辉，彰显着思考的力量，因而倍显独特与珍贵。

然而，随笔可不是"随便写的笔记"，随笔的撰写虽然自由随性，但是我们也要注意提升随笔的价值。随笔的选材应小、精、细、新，一篇随笔的观点应集中而突出，将事件与观点统一。短小而精辟、细致而新鲜的随笔才能作为教学生涯的素材积累，慢慢内化为自身的教学素养。我们每天面对大量的教学内容和具有独立人格的教学对象，时代日新月异，可记录、可思考的点很多，但是将撰写随笔变成自己的职业习惯可不是一件简单的事，涓涓细流、汩汩泉水需要耐心的坚持。

本书中，学校青年教师的教学随笔是特别吸引人、特别值得挖掘的部分。从这一篇篇的随笔中能感受到青年教师在初登讲台的三年中的喜怒哀乐，更能从中看到学校青年教师如雨后春笋般的成长。从第一节课的设计，到与学困生的面对面交流，到与家长的沟通，到社团的组织管理，到班级文化的建设，再到心理学教育学理论的应用，等等，无不充满了实践的温度与思考的力度。它们如同沙滩上散落的珍珠，只要坚持写下去，教师终将穿出属于自己的闪亮项链。

　　思考是痛苦纠结的，也是快乐有力的。当一位青年教师有了思考的习惯，便长出了进步的双翼，就具有了最美的姿态。且让我们欣赏学校青年教师在"新教师三年职业生涯规划"和"职业生涯随笔"方面所展现的独好风景。

职业生涯发展规划

不忘初心，砥砺前行

——个人三年发展规划

王舒艺

一、现状分析

2018年7月，我毕业于北京师范大学珠海分校。经过系统知识的学习、实习的锻炼、教师编制的备考，我对教育领域的知识和技能有了积淀。2018年8月，我有幸进入珠海市第十三中学这个蓬勃向上、充满着生命力的学校，开启了自己的教师职业生涯。初出茅庐，我深知，自己不论是在学历方面还是在实践经验方面的储备都非常薄弱，再加上珠海作为中国的沿海开放城市、我国的经济特区、珠三角地区的重要城市，汇集了众多优秀人才，对教师的要求也会更加严格。因此，要想成为一名合格的教师，自己需要努力的方面还很多，也需要更加勤奋。

二、指导思想

"凡事预则立，不预则废。"有着清晰的职业发展规划，是对自己也是对自己所教的学生负责。在进行课程改革的大背景下，自己本着端正教育思想，丰富专业知识，提高专业技能，师承前人，发展自己的宗旨，严格遵守学校制订的研修计划，参与研修活动。以此为基础，现制定自己的三年职业发展规划。

三、优势与不足分析

（一）优势

（1）自己适应能力强，和同事和谐相处。相关课堂教学问题产生时，会加入和倾听大家的交流与讨论，学习并寻求最佳的解决措施和育人的艺术策略。

（2）工作上积极完成班主任和学校领导布置的任务。工作踏实认真，虚心接受他人意见与建议。

（3）积极向骨干教师求教。听课备课过程中善于发现并总结教学规律，与指导教师交流讨论，逐步在实践中内化为自己的能力。

（4）积极参加各类教研活动。在备课之余，积极阅读专业书籍，研究初中语文学科必读书目，遵守纪律，重视并按时参加提升专业知识与技能的教育培训活动。

（二）不足

（1）教学机智欠缺，专业素养和专业知识上还有不足。针对课堂出现的突发情况，解决方式较为粗糙，对学生心理状态和情感需求把握不够准确。

（2）学科教学风格不明晰。政治和语文会混在一起，环节设置的有效性和学科的匹配度需要深入研究。

（3）教育教研能力薄弱，往往停留在感性经验层面，专业性不强。

（4）驾驭教材的能力、设计课堂教学的能力和教师语言水平有待提高。

（5）对"飞机座"学生错误寻求自我实现方式的指点欠缺，对后进生学习要求的落实和良好学习习惯的培养经验不足。

四、总体目标

（1）积累教育理念并具备理念的更新内化能力。培养自己的创新精神和教研意识，对优秀教育理念有敏感的辨识度，增强教育敏锐性。能够做到以发展的眼光对待学生，以专业的理念培养学生。

（2）对新教材熟练把握。教材的组织应用落实环节紧凑、扎实有效。教学语言精练严谨，具有一定的文采。

（3）课堂形式遵循生本理念，把握好学生主动与教学进度之间的矛盾。

注重高效的同时，给学生以充分思考的时间和空间。

（4）向着爱岗敬业、为人师表、教书育人、与时俱进的新型教师目标迈进。

五、具体目标

严格遵循学校的研修培养方案。

（一）师德方面

（1）连续写教师随笔，积累原始素材，每天思考，周周总结。同一问题，各个情境，整理成篇。撰写教育教学论文和经验总结，不断提高论文质量。参阅专业书籍，写读书笔记，增加理论与实际的结合度，书单整理如下：

《做最好的老师》李镇西　　　　　　《幸福地做老师》荆志强

《教育是没用的》林格　　　　　　　《做最棒的老师》张良科

《给教师的建议》苏霍姆林斯基　　　《哈佛家训》哈耶克

《给班主任的100条新建议》孙玉洁　《第56号教室的奇迹》埃斯奎斯

《班主任兵法》万玮　　　　　　　　《老师怎样和学生说活》吉诺特

《魏书生文选》魏书生　　　　　　　《细节决定成败》王中求

《艺术哲学》丹纳　　　　　　　　　《班主任工作漫谈》魏书生

（2）走近学生，分析班级情况，思考学生德育切入点，普遍与个别相结合。利用各种场合和形式积极与同行和学生交流沟通，及时获得反馈，从而及时反省和总结。

（二）专业知识方面

（1）坚持名著阅读，增强知识储备，拓展语文视野。

（2）参与学校和教育局举办的各种教研活动，多与其他教师沟通，分析教研要素。努力争取机会走出去学习，各项考核和测试努力进取，利用课余时间学习新课程改革方面的文本知识，并在教育教学实践中不断提高自己的教育教学水平。

（三）专业技能方面

（1）每周听骨干教师的课，认真研习，写观课报告。多和他人沟通交流，不断充实自己。

熟悉课程标准，进行单元分析，整体把握教材，提前备课。坚持自己做

第二篇　且思且行：职业发展

课件，教案认真书写，每课课前教案按时找指导教师签字，全力准备，多邀请指导教师听课指导。写好教后感、教学反思、不同班上课效果的差异原因分析，及时归纳总结。研究考题，把握考点。

（2）坚持练字，楷书行书，每日精练1~2字，每日描红一篇，在书法比赛中争取好名次。学习并进行微课制作。

（3）积极报名参加各级各类教育教学竞赛，认真准备，力争好成绩。

（4）跟随班主任导师学习带班经验，在实践中总结提升。

六、检测方式

（一）自我督促

（1）对每学年、每学期的学习要求进行细化，将写随笔、读书、写论文、练字、看公开课视频与微课制作提上日程，并按时记录与打卡，在实施过程中不断调整与改进。

（2）每周花固定时间与学生沟通交流。

（3）关注自己的继续教育学时，督促警示自己终身学习。

（二）他人检测

（1）积极认真对待每一节课，倾听同行意见。形成自己的上课风格，倾听学生的想法和建议，让学生喜爱该学科。

（2）学期学年的考核，接受教务处和同事们的监督审查。

潜心修学，不忘初心

——个人三年发展规划

张佳丽

时光荏苒，转眼间，我已正式登上三尺讲台足月有余。如今，各种感受交杂于心：既有初为人师的喜悦，也有怕辜负学生的志忑；既有学生进步、成长的成功感，也有学生屡教不改引发的挫败感；既有完成教学任务的自豪，也有对工作效率、教学方式等方面的迷茫。自开学以来，虽然每天都过得很忙碌，但因缺乏目标与规划，我总隐隐不安。所以借此契机，写下我的个人三年发展规划。

一、现状分析

（一）优势分析

1. 知识储备方面

我本科就读于汉语言文学（师范）专业，研究生就读于中国现当代文学专业，将近7年的学习给我奠定了一定的文学知识储备基础，也让我养成了阅读和思考的好习惯。

2. 科研能力方面

至今，我已在省级以上期刊发表7篇学术论文，有着良好的科研能力。

3. 实践经历方面

我连续多年在小学、职业中学等学校教学，积累了一定的工作经验。

4. 其他方面

我做事认真严谨，待人温和谦逊。自开学以来，我备课认真细心，积极向骨干教师请教，在听课的过程中不断反思总结，并借鉴优秀课例来丰富自己的课堂教学形式。

（二）不足分析

1. 缺乏对教学重点、难点的把握

身为新教师，我对考点、考纲还不是很熟悉，在课堂教学、作业布置上难以体现教学重点、难点及目标。

2. 缺乏教学机智

我在教学中的随机应变能力有待提升。

3. 对后进生的关注不够

后进生有其特殊性，如今的我还不能真正做到因材施教，这就导致部分有学习困难的学生的知识漏洞越来越大。

二、总体目标

严格遵循学校的研修培养方案，成为一名学生家长爱戴、同事喜爱、学校信任的教师：其一，多钻研，精心备课，认真设计每一篇教案；其二，勤学习，探究教学方法和艺术，提高学生的学习积极性；其三，善反思，多写教育教学案例、随笔或教育故事，在反思中成长；其四，锤炼课堂教学能力，增长教育智慧，让课堂成为学生展示自信的舞台。

三、具体规划

（一）第一年规划

化被动为主动，从小事做起，以虚心的姿态向前辈教师学习，和同事互通有无，完成过渡期。

1. 认真备课、上课

教学从备好每节课、上好每节课开始。备课时，我首先看书和教学参考书，了解学生要达到的学习要求，然后借鉴其他教师的优秀教案和教辅材料，并且根据课程标准定出适合学生的教案。每堂课都以饱满的热情对待学生，课后及时反思。

2. 认真对待学生的作业

批改学生的作业时，要及时写下鼓励性评语。

3. 积极听课

听其他教师的课，特别是指导教师和优秀教师的课。争取每周听课次数不少于两节。

4. 在各方面虚心请教其他教师

要有"打破砂锅问到底"的精神，同时结合自己的思考，努力做好各项工作。

5. 抓紧时间自学

（1）向经典学：通过阅读教育教学文学名著，努力提高自身的理论修养，保持教师的"书生气"。争取每个月读完一本教育名著并写出读后感。

（2）向经验学：及时书写教学随笔，总结教育教学经验。

（3）向他人学：浏览名家公众号，观看名师的教学视频，为教育教学积累素材并学以致用。

6. 承担学校工作

教师不但要教好学生，更应该对学校的发展负责。所以，第一年，我要多熟悉学校各项日常工作，并积极配合同事完成工作。

7. 积极参加教师比赛、活动

比赛是促进成长最快的方式，能够锻炼自信、锻炼意志、锻炼能力。

8. 关心学生

多与学生谈话，了解学生需求，并做好谈心记录。

总之，第一年，我要形成学习—成长—学习的模式，不断进步，不断成长。

（二）第二年规划

继续努力学习、强化自我，初步形成适合自己的教学风格。

（1）用心备课、上课：备课前先形成自己的教学思路，并结合教学内容，充分考虑学生的实际情况来备课。个别课题可以进行课题科研，研究课题的可行性、有效性等。上课适当设计些小活动、小游戏，更有效地引导学生学习，提高学生学习兴趣。课后继续做好反思的工作。

（2）朝成为研究型教师的方向努力，善于在教育教学实践中发现问题、分析问题、总结经验，以指导教育教学实践活动，使教育教学质量得到最优化，切实打造"效率课堂"。

（3）用心听课：不错过校内任何一节优秀公开课，此外，要向周边学校优秀教师学习，参加各种教育教学培训进修。总结各家之所长，取长补短，初步形成适合自己的教学风格。

（4）继续在各方面虚心请教其他老师，尤其是在教学方面。

（5）继续抓紧时间自学：除了阅读经典教育文学名著外，还可通过阅读优秀教师的优秀教案、教育家的学术论文来提高自己的理论水平。此外，继续坚持写教学随笔，做到日有所思。

（6）继续关心学生，多与学生、家长沟通，观察学生的兴趣爱好，有意识地去挖掘学生的特长。

（三）第三年规划

在实践中检验自我。第三年主要是在班级管理方面做好，争取当上班主任。在教学方面，将自己的教学风格与名家对比，完善自己的风格。

（1）加强自身专业素养：通过阅读教育类的专业书籍以及关注教育的最新动态，及时更新完善自己的教育理论体系，使学生能够更轻松、更有效地学习。

（2）向研究型教师的方向努力，善于在教育教学实践中发现问题、分析问题、总结经验，以指导教育教学实践活动，切实打造"效率课堂"。

（3）继续勤思勤学，积累教育教学素材，尝试发表一篇教育教学论文。

（4）结合他人班级管理的经验，了解学生，进行有效的班级管理。

（5）时刻提醒自己，要怀有一颗真诚的心去对待学生、对待家长、对待每一节课，用生命关爱生命，以灵魂浸润灵魂。

以上便是我的三年成长规划。有了清晰、明确的职业规划，我会潜心修学，不断发掘自身潜能，让有限的教学生涯更充实、更美好。

职业生涯感悟随笔

一节评估课的思考

邓琦

2018年10月30日早上，距离第二节课还有15分钟，很"幸运"地被抽到了评估课，一时之间克制不住自己的紧张。但是这一节课让我受益良多，下面我分别从课堂管理和教学两个方面小结一下这节课。

在课堂管理方面，这节课给我最大的启发是学会向学生示弱。课前，我得到消息后，第一时间将消息告诉学生，并透露给学生我很紧张，随即很多学生到办公室安慰我："老师，我保证上课不睡觉、不捣乱。""老师，我们都不怕，你也别怂。"这些话或许是孩子们的玩笑话，但是其中透露着情谊。在教室的学生开始紧急打扫教室、准备课本，紧张而有序，他们的表现给了我很大的信心，让我在课前渐渐心情平静。

这件事情还有后续的影响，从这节公开课后，我们建立了深厚的情谊。这节课得到了听课教师的极力认可，每个学生都功不可没！自此以后，学生变得更乐意配合，尤其是班里的"捣蛋鬼"，而他们思想和行为上的改变，有效地改善了课堂纪律。

那时候的我不是他们的班主任，只是每周见面两节课的一个副科老师，但是这件事情让我积累了很重要的德育体会：跟你的学生同在，这是我目前为止经过实践得到的最重要、最深刻的德育经验，也为我在以后的班主任工作中奠定了基础，成为我打进学生内心的制胜法宝，不仅能让我迅速走进班级学生的内心，而且能有效增强班级的凝聚力；不仅能迅速在学生心中建立威信，而且能收获作为教师的职业自豪感和成就感，因此这节课毫不夸张地说，对于我的职业生涯而言具有转折性意义。

在教学方面，科组长叶绮华老师课后专门对我进行了评课，让我找到了自己的问题，更重要的是找到了改变的方法。通过总结，我找到了以下几点问题。

第一，课堂设计与知识点联系不紧密，课后学生难以归纳总结。针对这一方面的问题，我想到了在往后的备课过程中要先列大纲，然后将大纲逐步细致化、明了化，整节课的逻辑性增强，学生更易接受理解，形成体系。

第二，课堂语言的组织客观上讲是因为紧张心理，主观而言是备课不够充分，出现了很多不严谨的地方。针对这一点，在今后要加强专业能力的培养，提高准确性。另外，要以对话的方式完成教案，精简课堂语言。

第三，不够重视学生能力的培养。在今后的工作中，要多多利用公开课的机会，创设更多更有意义的活动，加强学生的参与，培养其能力，这项技能需要不断积累，在今后会多参与观课评课，多吸收借鉴。

真正好的政治课堂知识的传授是最基础的，是能给予每个学生表达的机会、帮助他们塑造健康的人格的。虽然政治课并不是一门参加中考的科目，但是在教学过程和学生的反应中，我能不断感受到这门课的魅力和深刻的意义。在今后的教学过程中，我会更加精进自己的每一节课，既让政治课体现其科学性，又能充分挖掘其德育性，不忘初心，不断进步，让更多的学生从这门课中有所感、有所悟、有所成长。

如何在课堂教学中兼顾知识性和趣味性

郭但婷

一天，我所教的一班的一个孩子和我说："老师，我们现在很多人不那么喜欢上你的课了。""为什么会这样？"我十分疑惑地问。"因为觉得这学期的课没有以前好玩了，没什么活动。"这孩子很小声地回答。

好玩？我细想了一下，的确，这学期尤其是期中考后，我的课的确没那么有趣了。这孩子的"小报告"也让我明白了这段时间学生学习状态不佳的原因。

上学期我们有课堂小游戏，有知识竞赛，有小组比拼对抗赛，有辩论赛，这学期则一直在强调知识点、强调背诵，尤其是期中考后，课堂活动几乎没有了。

为什么会这样呢？其一，因为这段时间的教学重点是说明文，说明文的知识本身就略显枯燥。其二，因为教学压力。第一学期期末成绩并没有达到预期，到了这个学期自然想在成绩方面有所突破，再加上期中考试成绩也不佳，课堂上需要很多时间进行知识讲解和巩固，用于活动的时间自然就减少甚至没有了。其三，我的教育观念问题。我常常思考，学习应该是学生的事情，无论喜不喜欢都应该学，无论有不有趣都应该学，不应该挑挑拣拣。

事实证明，我的观念出现了偏差，兴趣才是最好的老师。"知之者不如好之者，好之者不如乐之者"，只有他们感兴趣，乐于学习，才能学好。而且，通过观察有经验的教师，我发现他们在上课时能将知识点的阐释和课堂活动有机融合在一起。课堂知识的讲授和课堂的生动有趣并不冲突。

有问题就应该解决，但如何在完成繁多的教学任务的同时，让课堂变得更有趣些呢？也就是如何在教学中兼顾知识性和趣味性呢？经过一段时间的学习后，我总结出以下几种方法。

一、适合的课堂活动

研究表明，为了取得教师和同学的关注，大多数学生往往喜欢在课堂上极力表现自己，这是一种正常的心理需要。学生需要在课堂中表现自己。适当有效的课堂活动不仅不会浪费时间，而且能让教学收到事半功倍的效果。因此，在语文教学过程中，教师要尽可能合理安排课堂活动，活动的形式、地点、内容具有很大的灵活性和自主性，辩论、表演、歌唱、讨论、朗诵等形式都可以，应根据不同的课文，灵活运用。例如，学习初一课文朱自清的《春》，教师可以利用上课或自习等空闲时间组织郊游，让学生在大自然中亲身体会春天的美丽，这样一来，相信在教授这篇课文时更能引起学生的兴趣和共鸣。类似的课外活动若能经常举办，能够大大提升初中生学习语文的兴趣。若能辅以课后的随笔写作等作业来巩固学生的课外体验，则能收到一举多得的功效。如针对成语这一项，可以组为单位进行成语接龙、表演猜谜等活动，以此检验成语积累效果；还有文言文背诵比赛、文学常识竞猜等。

但是，此类活动必须与语文课程有关，且要注意举行频率和前期准备。

二、精巧的设计辅之以幽默风趣的语言

想要课堂生动有趣，吸引人的导入及循循善诱的提问必不可少。

正如于漪老师所说："课的开始好比提琴家上弦，歌唱家定调，第一个定准了，就为演奏和歌唱奠定了基础。上课也是如此，第一锤就应敲在学生的心灵上，像磁石一样把学生牢牢地吸引住。"导入有很多方法，比如情境导入法、解题导入法、设置悬念导入法、讲述故事导入法、新旧知识导入法等，不同的课堂形式就会有不同的导入模式。因此，我们在教学过程中一定要灵活运用。在导语设计的过程中一定要多下功夫，要结合学生的年龄、知识水平、接受能力以及新课的特点，把学生的学习兴趣激发起来。在学习的过程中，使他们感到轻松、愉快。只有这样，教师的课堂才能变得活跃起来，学生也才能更加喜欢老师、喜欢语文课。

课堂提问是语文教学的一种重要手段，是传授知识、启发思维、课堂反馈必不可少的环节。问题的设计不仅关系到教学内容的落实，更关系到学生的学习兴趣及个性的发展。因此，问要问得准、问得活、问得巧、问到点子上。一般来说，应置问于教材的关键处、疑难处、矛盾处、含蓄处。巧妙的问题可以激发学生的学习动机，启迪学生的思维。只要是感兴趣的问题，学生便会活跃起来，总想一吐为快。

教学中，我们经常看到这种现象：教师在备课、讲课方面下了很多功夫，可学生就是不爱听，往往达不到预期的效果，其原因是教师语言不够幽默。课堂上的幽默语言可促使学生保持兴奋，延长注意集中时间。比如上课提问时，学生经常七嘴八舌，单独叫起来回答问题时则默默无语了。对于这种情况，我开玩笑地说："怎么？单机反而出故障啦？"学生大笑，慢慢放开了自己。

但是在实际操作中，对趣味性和知识性内涵的把握，似乎有点难度，

它们受学生经历、学识等因素的影响。同样是一件有意思的事情，可能在一个班级是有趣的，但是在另一个班不一定是有趣的，如称语文老师为政治老师，对于我们班的学生来说是有趣的，两位老师因发型类似，被学生戏称为"双胞胎"，但是另一个班的同学因为缺乏对背景知识的了解就不会觉得这是有趣的。这就告诉我们，在选择材料时首先要选择比较典型的有趣味性的材料，其次是学生熟知的材料，总之就是要把握这样一个原则：选择能激发学生笑点的材料。至于哪些知识可以融入自己的课堂，似乎就更难把握了。倘若学生的知识储备不是很丰厚，这些教学目标之外的如此庞大丰富的知识点的引入无疑会加大学生的学习任务，甚至不能更好地完成这节课预定的教学目标，所以课堂知识容量也要根据学生的实际情况进行选取，不是越多越好。

幸福来敲门

洪雪娇

在正式踏上讲台的这一个多月里，发现最让自己感到幸福的，不是别的科任老师偶尔当面称赞学生课堂纪律好，不是学生上课积极回答问题、表现活跃，而是课下学生不自觉地围着你，述说英语课上起来非常短暂，不知不觉就下课了。他们的述说告诉我，他们上课认真听讲、十分专注。甚至有同学反映，以前小学英语只会抄写别人的作业或试题，现在自己作答，还能答对好几个。那一瞬间，心中的幸福感油然而生。同时，也开始有学生主动询问对于他们来说比较难理解的知识点。这告诉我，他们愿意学英语，也侧面提醒我，我还需要再换个方法细讲，让学生能够更容易掌握。

一、良好的反馈促进师生沟通交流

学生的回应是对我们的工作进行反馈，让我们迅速了解到自己的不足，让我们知道往哪个方向走并且下功夫。我非常开心学生愿意主动与我沟通，并没有因班主任这一身份而远离我。虽然我们日常相处没有到紧张的地步，也没有出现互相躲避的现象，但是学生就是莫名地害怕班主任，一听到班主任的脚步声就逃回班级。好在我的科任老师身份和表现让学生乐意主动亲近我，与我沟通反映课堂效果和课堂习得。这同样也激励我要努力提升自己，先从专业知识开始，先从精心备课开始，先从备学生开始。

与此同时，我们也要给予学生反馈，对他们主动提问进行肯定，对他们学习认真进行鼓励和引导。我们经常艳羡小学老师每时每刻都有一大群学生环绕四周，甚至还有学生主动拥抱教师。学生也曾透露毕业时与小学教师难舍难分，泪流满面，即使初中开学了许久，还是会尽可能找机会回小学学校跟老师聊聊天。细细想来，我们与小学教师最大的不同在于，他们总是给学生积极及时的反馈。他们会照顾到学生的身高，单独谈话时会蹲下身子来，与学生平等对话。针对学生有所进步的表现大力表扬和肯定，即使这进步是微乎其微或是学生本该做到的。遇到学生有些不妥的行为举止，也会耐心听完学生的解释，再正面引导学生。因此我们需要学习他们适时给予学生反馈，少批评指正，多肯定和鼓励。这样，我们和学生都能够彼此靠近一点点。

二、良性的质疑促进师生共同进步

在我第一次遇到传授新知而有学生提出困惑甚至质疑我的正确性的时候，我是十分羞愧尴尬的。不是生气学生竟然在大庭广众之下，全体学生在场的时候，不留情面地指出我的失误，让我难堪；而是气愤自己竟然没有做好准备工作，自己的知识储备存在误差，甚至还可能导致学生走进误区。但随后，我觉得十分宽慰、骄傲和幸福。因为，我们似乎触碰到了青出于蓝而胜于蓝的边缘。

学生能够勇于指出他人的错误，证明学生十分正直，有自己的想法，有自己的坚持。我们自己的经历告诉我们，毕业后学生回忆初中生涯，不是记住老师在课堂上讲了哪些知识点，而是老师和同学们共同做了哪件事情，抑或是学生自己做了什么事情。由此得知，作为教师，我们的重点不是知识的传授，而是对学生为人处世的引导。现在，有学生能够大胆指出我的错误，我为他们感到欢欣鼓舞。另外，我在传授新知的时候没有注意到自己的失误而学生能够发现，证明他们已有一定的知识储备，能够辨别出来，甚至还纠正了我的错误。坦白而言，当年作为初中生的我们，在老师传授新知识时只会埋头做笔记，根本没有能力判断老师讲解得正确与否，也更不会指正老师的失误。其实，他们当下的质疑，我是心存感激的，正是他们的质疑，督促我要快马加鞭地丰富自己的知识储备。

学海无涯，这句话不应当只需学生谨记，因为我们是学生的镜子，作为师者的我们更需要铭记于心。不断寻找不同的方式，利用琐碎的时间让自己保持继续学习的状态。同时也不要拘泥于专业知识、班级管理知识。只要我们时刻保持虚心好学，幸福一定会来敲门。

批评需有情有理

胡晓欣

学生在成长过程中或多或少都会犯一些错误，这是再正常不过的事情了。那么学生犯错后，教师该不该批评呢？个人认为，批评是一种不可或缺的教育手段，与鼓励教育相辅相成，促进学生的成长。但批评不能随意而为，否则有可能使学生的自尊心受挫，甚至摧毁学生自信或引起学生过激行为。那么，我们应该如何批评呢？我想，批评应该遵循两个原则——有情、有理。

一、有情是指批评要以关爱学生、促进学生发展为目的

批评需有情。所谓的"情"其实很好理解。试想，老师批评学生的目的是什么呢？我相信没有哪位老师会无缘无故地批评学生，所有的批评暂且不论正确与否，其初衷都是为了教育，是出于对学生错误行为的担忧。既然如此，批评就应以促进学生的发展为目的，批评是为了发展人、完善人，而绝非打击人、摧毁人。如果批评的效果偏离了其目的，那么我们需要及时反

思，纠正自己的错误。

作为年轻的班主任，我有时容易出现滥用批评手段的现象。究其原因，其一，在面对一群性格各异、心智还未完全成熟的学生时，我为努力维持秩序、规范学生行为，把批评当作一种权威的象征，试图以批评震慑学生，以立威严；其二，不会化解自己在管理班级过程中产生的负面情绪，有时自己因受了学生的气，容易把批评当成宣泄情感的出口，把批评变为解恨、指责、抱怨，这也反映了自己缺乏经验、智慧，不善于处理师生关系；其三，有时自己操之过急，看见学生有不当言行便急于制止，希望自己的批评能有立竿见影的效果。殊不知，教育具有一个最典型的特征，就是"慢"。学生的成长是一个日积月累、循序渐进的过程。这种不容犯错的严厉、操之过急的心态，虽然也有关爱学生之情，但是容易变为负向催化剂，激起学生的逆反心理。以上这些都违背了批评的初衷，违背了批评需有情的原则。

二、有理是指批评须有理有据、不失公允

批评须有理。这"理"是教师的批评能站得住脚、能服人。若是没有这个"理"，那么学生会在心里产生委屈与不解，老师不仅不能让犯错的学生信服，严重的话还会在全班同学面前失去威信。例如，有一次大课间跑操，班级学生都已按时到操场集合，唯独小杰姗姗来迟。小杰平时比较顽皮，经常违反纪律。那时我非常武断，不假思索地断定他是想要逃掉跑操，所以才故意迟到。我立马喝住他，自顾自地开始了我的批评教育。当我发现小杰脸上全是委屈与不服气时，内心更不舒服了，暗自思忖这学生怎么如此不懂事。一时之间，师生两个怒目相对、沉默不语。当他有些愤愤地跟我解释说，他是因为临时被别的老师叫去帮忙才来晚了，根本没想过逃跑操，我才意识到自己非常不理智，在未问清事情来龙去脉的情况下，带着先入为主的情绪盲目地批评了学生。事后我在班级学生面前郑重地向他道了歉。这样的案例告诉我们，掺杂着情绪的批评要不得。批评须以理服人，没有"理"这个前提，批评的教育效果是不存在的。老师在批评学生之前，应先与学生一同厘清事实，在确认事实的前提下再循循善诱，帮助学生剖析行为的问题所在，这样才能真正实现批评的意义。

另外再补充一点，批评完学生后应给予学生一些肯定和鼓励，做到理情

结合。被批评、被否定的感觉其实很糟糕，每个人在面对批评的时候都是很忐忑的，很容易开启自我防御系统——逃避或反击，学生也是如此。因此我们在批评完学生后，应及时关注学生的心理状态，说一些鼓励、肯定的话，缓解他们糟糕的情绪，让他们既认识到自己的错误，把改正错误放在心上，也不至于妄自菲薄，认为自己已经失去了老师的喜爱，因此而自暴自弃。

人就是在不断地犯错误、修正错误、又犯错误、继续修正错误中成长起来的。正确地看待学生的错误，合理地使用批评的手段，遵循有情有理的原则，定能有助于学生的成长。

教育的源头——爱

江瑜慧

夏丏尊先生说过："爱对于教育犹如池塘之于水，没有水便不能成为池塘，没有爱便不能称其为教育。"教师教育的源头活水是对教育、对学生的爱，心中没有爱，怎么会教出有爱的学生呢？没有爱的教育如何能教育出国之栋梁？

犹记得刚接触我们班那群孩子时，教室里经常出现的就是我的"河东狮吼"，有时甚至惊动了领导，领导说了一句让我至今都记得的话："你现在还很年轻，对学生出现的一些小毛病不能忍受很正常，我年轻的时候也跟你一样，但是当你有了小孩以后，你的心态就会产生变化，到那时，你会将学生当成自己的孩子一样去疼爱。"听了领导的话，我当时沉默了，对学生提出苛刻要求，是因为我对学生没有爱吗？我一个人回到办公室，思考着自己这样做到底对不对，如果不对，我又该如何去做呢？

教育心理学上提到，处于发展中的学生，具有无限的可能性。如果我总是因为一件小事对学生横加指责，对学生的发展是不利的。教师的情绪会影响学生对事物的判断。一个缺乏爱的教师不可能充分理解人性，这样的教师心中不会有阳光，不会拥有教育的智慧和灵感，这样的教师不会爱护、尊重学生的人格，缺乏对社会和人生的责任感。我想，我对学生并不是没有爱，毕竟能够成为一位人民教师，一直以来都是我的理想。那么现在问题来了，我该如何将我对学生的爱表达出来呢？学生感受不到教师对他们的爱，最大的危害在于冷酷有可能传给学生，学生因此会变得自私自利、冷漠无情。教师要用行为感动学生的心灵，促进学生的成长和转变。

教师的职责不仅是传道、授业、解惑，还有育人。教师的工作对象是学生，一言一行都是学生学习的榜样。我们班出现过这样一个现象：在最开始的时候，班级规定，学生在教室里不准吃零食，否则就会有相应的惩罚。在某一个午饭过后，由于中午的饭菜有鱼，吃完感觉嘴里一股腥味，所以我当时也没想那么多就嚼着口香糖进了教室。没过两天，教室里几个学生也在嚼口香糖。看到这个行为，我当时并没有批评相关学生，而是反思自己的行为，当时我的行为可能是无意的，但是学生只关注到老师嚼了口香糖这个现象，这仿佛给了学生一个信号，嚼口香糖在教室是允许的，因为老师这样做了。你想要学生成为什么样的人，自己首先要成为这样的人。教师的习性会直接影响学生。比如，看到教室里有垃圾，你主动弯身捡起；对自己的错误不逃避，大方承认；关注每一位学生异常行为背后的原因……更为重要的是教师的行为直接对学生示范，你的行为已经在学生心中种下"有责任心，有担当，有爱"的种子。所以，一位心里充满爱的教师，才会教出一群心里充满爱的学生。教育的本质缘于对学生的爱，缘于对教育的热爱，只有这样的教师，才能够对自己所从事的工作孜孜以求，才能够精益求精。

同样，班级的建设需要每一位学生的付出，有爱的学生才愿意为了建设班集体贡献自己的一份力量。我一直很羡慕同年级的某个班主任，在初一建立班级时，他提出一个共同目标，老师和学生拧成一股绳，朝着同一个方向前进。在这样的环境下，每个学生都充满着为班级付出的热情，热爱自己所在的班级。

教师幸福是个人满足与潜能实现而获得的体验，教师有自我实现的梦想和追求，需要得到满足，教师才能够营造幸福的教育人生。作为教师，当你对自己清晰而成熟的教育教学理念运用自如时，那是一种幸福。教师的幸福写在学生认真的作业本上，教师的幸福盛在学生满意的答卷上，教师的幸福堆在家长充满谢意的脸上。

要学会享受生活，就要珍惜生命、善待生命、敬畏生命，用生命点燃生命，力求使自己生如夏花之绚丽，死如秋叶之静美。美好的生活属于每个人，我们应学会享受生活，让微笑永驻我们心间。

不同的挑战，不同的体验

李桂漫

收到通知，我到珠海教书，负责计算机教学。一开始感到意外，因为我的专业是数学。对于计算机，只能应用办公类或者程序类软件，但对于计算机基本知识没有多大概念，再加上我当时没有教材、教参，于是更加迷茫，对究竟能不能上好课、上什么内容，我心里没有底。所以，我思考可以做哪些事情，因为我坚信很多事情都有方法可循，得想着解决才有可能解决。对我来说，这是一项挑战，索性把它当作一个好好学习的机会。

首先，我要解决教什么的问题。针对这个问题，我在网上搜索前两年的版本，尝试各种方法，只能搜到教参的内容，那教学内容基本可以了解了，方向也能确定了。八年级上册计算机的教学内容为数据处理，即Excel和数据库的应用学习，这两项内容都需要学生有一定的计算机基础和一定的算法思维。当看到这两项内容的时候，我很庆幸，因为数据处理一直都是我感兴趣的东西，能与一群孩子一起学习喜欢的东西是一件很愉快的事情。加上数据处理可以结合生活实际的内容，考虑数据处理对生活实际的帮助，我拿着这个内容思考了很多。本来以为没接触过计算机这一点会带来恐惧，没想到却是更多的勇气，可能初生牛犊不怕虎吧。这一点一开始给了我很大的帮助。

其次，我要思考怎么教的问题。怎么教包含两个问题：第一，一般的课堂模式和课堂管理机制。由于没有经验，我请教了之前教计算机的老师，他告诉我大部分计算机课内容离不开操作，所以很多课堂模式是理论+演示+

实操。即课上先教授理论知识及原理，再演示给学生怎么做，余下时间让学生上机操作并总结。基于此，我初步定型我的教学模式。第二，谈及课堂管理，这里对于老师的计算机室的课堂管理能力有一定的要求，因为计算机毕竟是学生在学校里定期能接触到的一个比较大的诱惑，需要通过教师机系统对各台学生机进行管理和有效管制，最好课前有个针对性的课堂管理制度。于是我参考以上内容设计教学和制定管理制度，根据这些内容去实践。当然，在实践的时候也会遇到问题，如学生总是注意力分散，或者急于实操而不能集中于原理的思考，或者部分学生觉得表格过于枯燥，在学习时没有求知欲等问题。很明显，管理系统加制度带来的只是表面的状态，不能真正地引学生进门。我认为课堂上的质量最为重要，开始摸索着解决，于是就有最后一个问题：怎样提高课堂质量吸引学生进入学习状态？

最后，我要思考怎么教得好，吸引学生的注意这一问题。我采用的第一种方法，改变以往的方式，一开始通过"神奇"的操作吸引学生，让学生集中注意力，紧接着抛问题。第二种方法发挥专业优势，如求和函数和求平均值的教学，我的专业是数学，我知道这一块内容也是数学统计内容，学生在小学也有点基础，所以我设计一个以班级成绩为基础，从数学角度思考求和和平均值怎么做，再通过Excel函数算法可以计算出来，比较两个方法，思考两者的区别与联系，考虑计算机为数学计算带来的便捷性及数学原理给计算机打下什么基础。在学习实操有更多的思考，这些是我后来不断地想要采用的方法，因为应用步骤很容易忘记，但原理是嵌在应用里的。这样也能帮助学生发展思维，在以后的学习中也能知道应用类学习或者程序类学习的关键在哪里。

这一次不同的挑战带给我不一样的体验。在转换不同学科时，不仅能学到计算机知识和计算机思维，计算机里很多思维也是与数学思维密切联系的，而且数学建模里很多都需要计算机编程计算。计算机教学也能如此有趣，发现计算机教学与数学教学有异曲同工之妙，基本原理的学习都可以通过设疑+探究+应用这样的模式来进行。通过这次体验，我发现计算机也能给数学教学带来与众不同的效果，还可以从别的角度看数学，发现不一样的魅力。由此，不同也会带来大同。

表扬的三个阶段

刘惠

上完人生中第一节公开课，孙老师温和地提醒我："要多表扬学生。"表扬可以创设愉悦的教学情境，建立学生的自信，培养他们的学习兴趣。在提倡赏识教育的今天，表扬的作用不可忽视。表扬是一门学问，我对表扬的认识，经历了三个阶段。

第一阶段：表扬须讲究艺术

德国教育家第斯多惠说："教学的艺术不在于传授本领，而在于激励、唤醒、鼓舞。"公开课后，我也学着去表扬学生。我带着赏识的眼光关注他们的成长，珍视他们的每一个闪光点，当我说出"这位同学，我很喜欢你的作文，因为……"之类的话语的时候，学生的目光中没有闪现那种被老师表扬后带有几分自豪的欣喜，反而显出些尴尬，其他同学的积极性也没有因为我的表扬而高涨起来。为什么呢？我尽量表扬得有针对性，表扬的话语也不是千篇一律的"你真棒""你说得真好"之类的句子。我到底是哪里做得不够好呢？为什么学生在我这里感受不到真正的赞许呢？原来是我的体态和语言的不自如，让学生感受不到表扬的真诚。下次表扬学生，我试着面带微笑，用赞许的眼光直视学生的眼睛，大声地、肯定地表达我对他的赞美，我终于如愿看见他们脸上浮现出了自信的微笑。

第二阶段：表扬须适度公正

自从我学会如何发自内心地、有技巧地表扬学生之后，便经常表扬学生，对一些表现优异的学生从不吝赞美之词。有一天，班上一个经常被我作为榜样来赞美的学生来找我，她带着哭腔说："老师，快考试了，我压力很大，我怕考不好，辜负了您的期望。"我很惊讶，为什么一个在我心目中这么优秀的学生会害怕考试，甚至还可能害怕上语文课？我没有意识到，我经常夸她的"你们都要向她学习""如果你们都有她这么优秀就好了""这么多学生中，我对你最满意""我知道，你总是不会让我失望"这些过度表扬的话语，给予过高的期望，让她背负上了沉重的压力，反倒使她丧失了学习的兴趣。

我过度赞美优秀的学生，却忽略了那些学习能力没有那么强的学生的一些微小的进步。我曾多次联系一位不写家庭作业的孩子的家长，但当他开始按时完成作业的时候，却并没有再给他的家长打电话表扬他的进步，因为我认为按时完成作业是理所当然的。所以我时时提醒自己，不要忽略每一名学生的进步，哪怕它很微小，因为那些小小的肯定，能极大地帮助他们树立自信，促进他们良好行为习惯的养成。

第三阶段：慎用表扬

当我陶醉在表扬带给我的愉悦中时，我开始读到一些关于表扬的理论。它们引领我去思考表扬的本质，促使我反思自己的教学行为。陈桂生教授说表扬是一种管理手段，须慎用，"因为它们毕竟是以个人利害关系调节学生的外在行为，无论是激励良好行为，还是抑制不良行为，其成效终究是表面的、暂时的，因为它们并未触及学生行为的内在动机。这些管理手段的运用不但不足以培养学生的善意和义务感，还可能诱发某种不健康的心理状态"。以前的教学大多采取体罚等严厉的惩罚手段，让学生因为内心的害怕而不敢逃避学习。现在我们往往采用表扬为主、惩罚为辅的手段，看上去让学生更易于接受，也收到了更好的教学效果，但表扬的实质并未发生变化。从根本上说，表扬同惩罚一样，仍是教师对学生的管理手段。教师利用自己的权威，让学生产生被关注、被赞美的渴望，利用他们的这种欲望，教师通过表扬肯定自己喜欢的行为，树立正面榜样，以达到自己的教学目标，但这样的表扬只能增强学生的外在动机。学生为了教师的一句表扬或者某个奖励而学习，一旦没有了教师、没有了奖励，他们还会主动学习吗？教师应当做的，不是通过表扬这种手段将学生吸引到教学活动中，以达成自己的教学目标，而是要通过教育教学活动本身去吸引学生，让他们真正感受到学习的乐趣、学科的魅力，让他们因知识的获取、能力的培养而满足，而不是满足于老师的一句赞美。所以，教师应将自己的主要精力放在钻研教学和学科教育上，表扬只能作为一个小小的辅助手段。

以上便是我在教学生涯中对表扬的一点体会，对表扬的探索还将继续……

育人者先自育

马慧芳

"他山之石，可以攻玉。"优秀教师就是一面镜子，聆听他们的课堂，可以正视自己的不足，找出自己的差距，也可以汲取更多的能量，积累更多宝贵的经验。

一、魅力之师是课堂最大的亮点

在听课的时候，大家往往会观察和思考每节课的亮点在哪里，课堂活跃、学生积极、环节巧妙……在看过那么多节课后，我认为一节课最大的亮点应该是老师。或许是老师精巧的教学设计，或许是老师风趣幽默的引导语言，又或许是老师对课堂或学生的把控，因为一节课的每个环节，无论老师出不出现，他作为一个总设计师、总编剧、总导演，总有他的印记，无不体现着他的教学智慧。虽然学生是学习的主体，但是只有在精巧的课堂设计中，学生才能充分发挥出自己的能力，才能真正获得进步与提升。

有些课堂中，学生思维活跃，老师却跟不上学生的思维，更不要说给予学生指导与解惑了；又或者学生面对老师不知所云的提问，心生疑惑，只好与老师面面相觑、相对无言。但是一个有魅力的老师，无论是面对课堂知识的传授还是学生思维活动的引导，都举重若轻、从容淡定。

那么，什么样的老师才是有魅力的老师呢？我认为首先是自身的基本功扎实，学科素养高，专业性强；其次是善于思考，有创新性的教学设计；最后是能够把控课堂，在学生成为主角的同时懂得引导与总结。

二、扎实的内容比热闹的形式更重要

"真语文"研讨会上，一位老师做报告，向大家展示了两节课：一节是活动多样、形式新奇、课堂热闹的公开课；一节是扎扎实实的常规语文课。这位老师说，一节常规的语文课如果已经能够把课堂任务传达清楚、讲授明白，效果比只会设计活动的"假"课堂好得多。

近年来，有许多老师为了追求新意，将课堂硬生生地变成了活动现场。语文课的语文味没有了，人文性没有了，工具性也没有了。语文课上成了政治课、地理课、生物课，完全脱离了语文课堂应有的样子。

当然，追求扎实的内容并不代表思维方式的套路化、标准化，如何设计出一节既有内容又有趣的课堂仍然十分重要。曾经一度为了求新，我在教学设计上往往把重点放在形式的包装上，而忽略了内容的重要性，导致虽然形式新颖，但是思维方式老旧，可谓换汤不换药，对于学生思维能力的提升帮助不大。而在我听的几节课上，我发现优秀的教师都能扎扎实实地进行教学设计，有创新而不过度，有深度而不过分求难。他们的课堂效率高、效果好，非常值得我借鉴与学习。

三、教学设计的原创比经典更重要

教学设计是课堂教学之本，好的教学设计更是一堂好课必不可少的环节。教学设计对于教师对文本的解读方式和解读能力的要求很高。纵然网络上有许多课堂设计的优秀案例以及名师大家的设计可供借鉴，但一位教师想要在专业上有所进步、有所成长，就必须培养自己的原创能力。因为只有亲自去思考课堂的每个环节如何设置、哪些知识点需要讲解，不断试错，才能够积累出属于自己的经验。一味地把别人的成果直接拿来使用，放弃思考、放弃改进，也就放弃了进步。尤其对于语文教师而言，一个教学设计就仿佛是一篇自己原创的作品，而拿来主义就是抄袭，这种偷懒不仅是对别人成果的不尊重，也是对自己价值的不尊重。因此，注重自身能力的提高对于教师来说至为重要。

育人者先自育。作为一个教育者，我们要把更多更有用的知识和思考教给学生。那就首先要明确自身的不足，承认人无完人、学无止境；然后和学生一起进步、共同成长。积跬步、至千里，固其高、成其深！

一块黑板报的"蝴蝶效应"

肖娟

美国实用主义教育家杜威认为："想要改变一个人，必先改变他的环境。"在我们打造的玉青阁中，那块后黑板成了"亚马逊的一只蝴蝶"，它翅膀的小小扇动，带来了玉青阁整体环境和风气的微妙改变。

一、感恩家长，教育契机

初一建班之初，群策群力打造出了一间清新美丽的书香雅室——玉青阁。

初一班级建设工作千头万绪，而我意识到教室后面一块闲置的黑板是玉青阁已有的班级物质建设基础上将班级文化建设继续推进的重要突破口。我将玉青阁比作一份精致的礼物，告诉同学们，珍惜这份礼物，就应将感恩的心化为行动，好好对待这份礼物，认真地办好每一期黑板报，让它配得上我们这间雅致的教室。

二、舞台虽小，各有成长

许多人认为黑板报是班级中不重要的细节，但是我却极其重视这件小事，想借办黑板报来进一步对接已有的优雅教室环境和提升学生的审美素养，将黑板报打造成班级文化名片。

第一次办黑板报，我们组建起了一支六人黑板报团队。当负责人将一张普通得不能再普通的板报设计稿呈现在我眼前时，我马上召集板报团队开了一次黑板报培训会议。会议中，我们一起探讨了一期黑板报该有的流程，一期黑板报在标题、图片、配色、文字排版方面的要求，一个板报团队的分工和合作。从这次会议中，他们知道了玉青阁对黑板报是有要求的。就这样，在前三期的黑板报中，我们共同探讨和学习了如何更好地完善板报的主要内容与制作流程。

初一三期黑板报，每一期都是我们学习的印记。在第一期中，我们强调"题好文一半"，黑板报的标题很重要，一是注意标题的内涵，二是标题的字体书写需要大气和有艺术感。在第二期中，我们探讨了如何去找合适而脱俗的图片素材，图片和文字结合比例如何更合理。在第三期中，我们学会了怎样切分板报的各个栏目，并用图案加以间隔。我们的团队成员在几次的实战演练中渐渐培养出了默契，有人负责前期选题并统筹整个黑板报的风格，有人负责标题的潇洒书写，有人负责各个板块的文字书写，有人负责画画。大家分工明确，团结合作，取长补短。他们把每一期板报当作一件玉石去精心地打磨。整个黑板报团队的业务能力和审美水平逐步提升。每当他们获得学习之外的成就感时，我也跟着很欣喜。

出黑板报的过程也是学习为人处世之道的磨合过程。一开始，有学生来跟我投诉，写标题的同学一意孤行、不听修改意见，因此还产生了争执，板报工作一度进展不顺利。我找来团队成员，明确共同的目标，说出各自的看法，然后沟通讨论，形成最佳方案。他们由此学会了沟通和协作，形成了一个有默契更有战斗力的团队，板报质量也有了显著的提升。三期的"打样"后，我也落得清闲，可以放手让他们全权掌控，只需在最后真诚地欣赏和赞美他们的杰作。

三、班级荣耀，月度盛事

随着玉青阁板报团队的发展，我们在学校的黑板报评比中屡获第一名的佳绩。每一次玉青阁板报的出品都是班级的荣耀时刻，学校的月度板报评比也成为玉青阁的盛事。越来越多的学生参与到板报工作中来，有三位高大的男生每次把黑板擦得干干净净，仔细做好准备工作。最为壮观的时候是最后上色时，学生拿着画笔涂上几笔色彩也是自豪开心的。每次板报呈现出来，大家都啧啧称赞。

这块看似不重要的黑板成为玉青阁的一道亮丽的风景线。至此，玉青阁的同学们真正明白了父母赠予的礼物有多珍贵，并用自己的行动让这份礼物更加熠熠生辉。

每次板报团队的队员们骄傲地说"一支笔，一帮人，给你一个奇迹"

时，我都会被他们开心的笑容深深感染。德育的力量流动在教室里的每一处，只要用心去引导，一块黑板也能如亚马逊的一只蝴蝶，给班级带来正面、阳光、向上的成长效应。

教育教学中的原创

杨冬冬

这个学期，我参加了珠海市和香洲区的教师技能大赛。在备赛和比赛的过程中，我最大的感悟就是逐步理解了、学到了原创精神。

这个故事从何说起呢？这就要回到我备赛的时候了！为了能在比赛的过程中有更好的发挥，初次参赛的我做了很多准备。为了准备比赛，我把手中所有的资料都进行了详细的整理和阅读。在阅读与学习的过程中，教研的其中一份资料引起了我的注意，这份资料是江老师的说课课件。于是，我决定根据他的课件思路和方法，制作一个说课模板。

然而，比赛那一天，意想不到的事情发生了。江老师居然是这次比赛的评委。我意识到，我的行为似乎有抄袭的嫌疑，这种感觉更加剧了我在比赛前的紧张感。比赛结束后，我陷入了深深的焦虑中。比起比赛的结果，我更懊恼的是自己的行为。我内心惴惴不安，一直责怪自己在比赛前居然忽略了原创的重要性。

比赛结束后，我经过多番挣扎，决定发短信向江老师解释并道歉。编辑好了短信的我，又觉得语言不够恰当，删了一次又一次，编辑了一遍又一遍。最终，我鼓起勇气，发送了这条真诚的道歉信息。在等待江老师回复的过程中，真是度秒如年哪！我不禁认真地思考，作为一名教师，原创思想应该深深地刻在我的脑海里。这种思维的培养不仅要体现在比赛备赛的过程中，更应该渗透到日常教育教学的方方面面。

"叮叮"！江老师给我回复了。我马上打开信息，只见江老师说了一句

第二篇　且思且行：职业发展

"没关系"。他并没有责怪我，只是感到惊讶，他说："很高兴你能使用我的课件，我们之间互相学习！"江老师的包容与气度让我更加愧疚，同时我也十分感谢前辈教师的关心与爱护。

还一次比赛也让我有相同的感受，也更让我意识到原创与独立思考的重要性。这次比赛共分为两轮：第一轮的题目是提前准备的，有比较充分的时间进行思考，因此我勇闯了第一关，还斩获了不错的成绩；第二关难度加大，准备的时间也大大缩短了。同科组的老师们知道我进入了第二关，纷纷送上了祝福，更是为我提供了不少的帮助。对于这节课，科组的老师群策群力，为我的教学设计提供了许多的想法。而此时的我，面对自己最初的想法似乎有了动摇，逐渐开始采纳和使用师傅们的教学设计与思路。

第二天，我带着似懂非懂的教学设计登上了比赛的舞台，结果出乎意料，却也在情理之中，就是完败。塞翁失马，焉知非福？没想到的是，比赛结束后，教研员刘老师前来询问我："这个课件的思路是你自己想的吗？"我回答道："不算是吧，是科组的老师们和我一起思考的。"之后刘老师说的话像一把小刀刻字一样刻在了我的心里和脑海里，甚至是输送到了灵魂深处："年轻人要学会独立思考和独立备课，有自己的想法，不要用别人的东西。"这醍醐灌顶的话一下打通了我对教育原创精神的"任督二脉"，这一刻我才深刻地发现与认识到自己身上的问题。

因为刚刚登上教师的舞台，初出茅庐的我在教育教学方面有很多懵懂无知的地方，科组的老师们对后辈的关爱与帮助使我逐渐站稳了讲台。作为青年教师，我们不仅要珍惜与感恩这种帮助和扶持，更要在此基础上有自己更多独立的思考与进步，而不是一味地依赖。

总而言之，作为一名教育工作者，我们需要时刻谨记原创精神，更需要提醒自身学会独立思考。"学高为师，身正为范"，这是我们教师对自身的要求。我们教育学生要懂得尊重他人的劳动成果，作为教师的我们，就必须以身践行，成为学生的榜样，只有这样，我们才能算得上是一名合格的人民教师。

珠海市香洲区首届英语基本功大赛感想

杨梅桂

很荣幸能代表学校参加香洲区首届英语基本功大赛，正如教研员战主任所说的"学习第一，比赛第二"，在整个过程中，每位教师都展现了自己的风采，让我更清晰地认识了自己、增长了见识，所以在某种意义上，我已经胜利了。通过这次比赛，我收获的不仅是知识，更多的是磨砺，这是一个自我提升的过程。

第一，终身学习，提升自己。在决赛中，有幸观摩了许多优秀的课堂，发现要做一名优秀的英语老师，必须有渊博的专业知识、以生为本的教育观念、过硬的教学基本功以及快速应变的教育智慧。每一位教师的课堂都让我学习到很多经验，课件细节的呈现、教学理念和教学环节的设置以及教师的教学仪态和语言等各个方面，都给我带来非常大的启发。例如，我在曾老师身上学到了调动学生积极性的有趣方法以及声情并茂解读文本的魅力；在黄老师身上学习到利用与文本有关联的笑脸来鼓励学生，通过集赞的方式提高学生的课堂参与度；在张老师身上学习到利用变脸小魔术导入话题的方式；在袁老师身上学习到创造性加工文本，设置真实的情境任务的高明活动设计方法。这些课让我大开眼界，拓宽思路，不枉此行。当然，我也看到了自己和其他教师的差距，正如战主任所分享的"现在新入职教师的英语素养越来越高，而你们难免需要同台竞争，只有不断学习，才能有机会超越"。诚然，知识不断地更新换代，年龄随着岁月的推移也越来越大，只有让自己的精神世界丰富起来，无论在哪个年纪，都能活出优雅的姿态。因此要践行终身学习的观念，做终身学习型教师，坚持思考和学习，不断转变教育观念，摸索教学方法，不断积淀，厚积薄发。

第二，积极反思，总结攻进。俗话说"教好书不在于教龄多长，而在于

第二篇 且思且行：职业发展

反思有多深"。教学反思是教师自我完善和提高的过程，教学反思能使教师不断成长，成为出色的研究型教师。在观看袁老师的教学时，我一边记录观课笔记，一边写赛后反思，反思自己的教学设计、课堂语言、板书设计等。例如，同样是让学生表演，自己所设计的环节就只是蜻蜓点水，没有为学生提供"脚手架"。相反，袁老师在让学生表演前改编了文本，使其更具趣味性，并一句句地教学生去感悟每句台词的情感变化，每个学生都积极参与其中。袁老师的课堂让我体会到课堂教学的灵活性、灵动性，教学环节不在多而在精。

第三，多读书，把英语当作生活的一部分。多阅读可以提高自身的文化素养，促进精神的增长，拓宽自己的视野，提升教育智慧，更好地启迪学生。一位教师如果每天除了上课还是上课，不关注教育改革动态，没有广泛阅读，不参与教育研讨，没有深度的教育反思，将会被时代前进的浪潮所击退。只有不断沉淀、不断积累，面对比赛才能从容淡定，教学设计才更具有深度和广度。例如，本次初赛的口试是一个英文绘本，决赛的文本选自《爱丽丝漫游仙境》。如果自己阅读的书籍足够多，除了根据文本设计教学之处，还能从作者的写作背景、写作意图去引导学生分析文本，使课堂更具深度，促进学生思维品质的发展。"问渠那得清如许？为有源头活水来。"我们的思想需要源头活水，而读书能够给我们提供源源不断的新理念、新角度，让我们与大师深入对话。

总的来说，在这次比赛中，我收获颇丰，增长了教学智慧，反思了自己的不足，看到了与他人的差距，这些都将成为我继续前进的动力。我知道自己离优秀教师还很远，但因为热爱，不忘初心，吾将上下而求索。感谢战主任，从初赛到决赛的整个赛制都特别公平公正，每个环节都安排得很周密。感谢这次机会，让我成长，让我历练。

数学教学感悟

杨婷

我们经常有这样的困惑：不仅讲了，而且讲了多遍，可是学生的解题能力得不到提高。学生也常有这样的埋怨：巩固题做了千万遍，数学成绩却迟迟得不到提高。这应该引起反思。诚然，上述情况涉及方方面面的原因，但其中的例题教学值得反思。数学的例题是知识由产生到应用的关键一步，即所谓的抛砖引玉，然而有时候只是一道题一道题地讲解，解后没有引导学生进行反思，因而学生的学习停留在例题表层。学而不思则罔，"罔"即迷惑而没有所得，把其意思引申一下，我们也不难理解例题教学为什么要进行解后反思。解后反思是一个知识小结、方法提炼的过程，是一个吸取教训、逐步提高的过程，是一个收获希望的过程。同时，教师的解学策略也应进行相应的改进。

例题千万道，解后抛九霄，这样盲目地解题难以达到提高解题能力、发展思维的目的。善于做解题后的反思、方法的归类、规律的小结和技巧的揣摩，再进一步做一题多变、一题多问、一题多解、多解归一，挖掘例题的深度和广度，扩大例题的辐射面，无疑对能力的提高和思维的发展大有裨益。

一、在学生易错处反思

学生的知识背景、思维方式、情感体验往往和成人不同，表达方式可能不准确，例题教学若能从此切入，进行解后反思，往往能找到病根，进而对症下药，收到事半功倍的效果。让学生认真完成错题本，整理每次考试和练习中的错题，并规范写错题本的解题格式，强调错题本作业完成的好坏直接影响数学成绩的提高。

数学教育家弗赖登塔尔指出：反思是数学活动的核心和动力。总之，解后的反思使方法、规律得到及时的小结归纳，使我们拨开迷雾，在反思中学会独立思考，在反思中学会倾听，学会交流、合作和分享。

二、提高课堂40分钟的效率

一方面，课前对基础知识进行5分钟小测，让学生自测和反馈掌握情况；另一方面，课堂教学从问题出发，提出问题，师生一起研究，学习知识，解决问题，浸润"动脑筋"的习惯，提高学生的思维能力。

三、重视学生基本技能的训练

首先，把好理解审题关：平时教学中要加强训练，题意不清，不急于动笔答题；其次，把好计算的准确关：平时计算时要强调稳，分步计算，不要跳步，注意检查；最后，把好表达规范关：对于几何解答题的步骤书写一定要具有逻辑性、严谨性，同时要具有简洁性。

四、关注班级中的学困生

学困生会直接影响这个班级的班风学风，也会影响科任老师在班级上课时心情的愉悦程度，学困生的转化是否成功，影响到这个班级整体的学习风貌，因此，我们有责任和义务教育好这些学困生。在日常教学中，我们应该发挥自己的教育智慧，充分调动学困生学习的积极性，与学困生多沟通，帮助他们树立学习数学的信心，鼓励他们只要努力学习，肯付出、刻苦钻研，数学没有多难；课堂中从最基础的知识讲起，多提问和关注学困生，让他们积极参与课堂，让他们产生问题回答正确和能够听懂教师所评的知识时的成就感，正向调动他们学习数学的兴趣；对学困生进行数学学习的方法指导，让他们掌握正确的学习方法；班级实行小组合作制、师傅徒弟制，让学优生帮助学困生，让班级形成浓厚的学习氛围；分层布置作业，对于数学基础薄弱的学生，可以先让他们抄数学书上的概念、定理、性质、判定，让他们不彻底放弃数学。

总之，为了提高自己的教学质量，不仅要提高40分钟的课堂效率，而且要教会学生学习数学的方法——解题时进行方法的归纳总结和反思，做错题目的错因分析和反思。另外，"活到老、学到老"，教师要树立终身学习的信心，要积极学习先进的教育技术和理念，多参加线下名师组织的各种培训，多向有经验的前辈学习。学习他们的教学智慧和策略，阅读教育专著，提升自我，用先进的教育方法技术指导和辅助自己的教学。

走近学生的快乐

林纯

转眼间，一个学期过去了，新的学期又开始了。每个星期，我只在每个班上一节课，渐渐地，我发现自己这学期上课的感觉与上学期相比有点不同了，可能是因为换了一种方式和风格。

以前上课的时候，我只知道对学生要严厉，甚至严格要求，几乎没在他们面前露过笑脸。现在回想起来，总觉得自己当时方法不当，在某些方面太过于较真了，曾经还批评学生不懂事。这学期，我变得喜欢跟他们开开玩笑，把他们的作业完成情况在课前进行分析，把优秀的作业展示出来与他们分享，对于他们做得好的事情，我也会表扬，甚至喜欢在课中提到某个话题时分享一些趣闻趣事，陶冶学生的情操。慢慢地，学生们给我的感觉也与上学期有所不同。

走近学生，我感觉到的是一种快乐。虽然我与每个班级、每个孩子接触的机会并不多，那时候办公室离教室也有一段比较长的距离，但天真、调皮的他们却做出令人不曾想到的行为举止，这种不曾想到的行为举止是令人温馨的，是作为一个普通的副科科任老师很难获得的一份情感。例如，偶尔在放学的路上遇到，几个学生远远看到就会喊"老师"；在操场上散步时，几个学生在打球，看到我就会问"老师一起打球吗"；还有值日的时候从走廊上经过，学生看到我就乐呵呵地喊"老师"。有几个学生上完课后喜欢表达他们一天的活动、开心或不开心的事，而我会耐心地倾听……感觉这是一种快乐，一种很少有的快乐！

一开始教书，我总觉得与学生存在距离，虽然年龄相差不大，但是相处的时间并不多，无法走进他们的内心。我很好奇，在学校的时间里他们经历了什么？作业是不是按时上交了？今天看起来不开心是不是被其他老师批评了？卫生没打扫好是不是被扣分了？这次考试的成绩是不是提高了？跑步和跳绳是不是进步了……以上这些问题，我大多是从别的老师那里了解到的。我想，这就是为什么师生之间的关系逐渐疏远了。

现在，我会主动问起学生一些事情，主动夸赞学生，即使有些问题他们不愿意回答，觉得丢面子，也会笑着看着我说："老师，这是秘密。"主动走近一群单纯、天真的学生，没有任何利益性的目的，完全是出自一个老师关心热爱学生的心。从交流中，老师可能发现学生最近所关注的热点，发现学生的兴趣爱好，发现学生青春期的成长烦恼……主动走近学生，注重师生之间的交流，比起埋头苦干要轻松得多。更重要的是，那种快乐之感油然而生，走近学生之后才可以走进学生的心灵，因为学生的心灵世界很值得每一位教师去了解。

能够走近学生，我已经很知足了。在我看来，走近学生并不意味着一定要走进学生的内心世界，至少不是短时间内就做到这一点。如果学生愿意亲近老师，愿意把老师当成朋友，愿意与老师分享他的故事，那么这个老师就已经走近学生了。简单地说，一位老师对学生的影响、给学生留下的印象是相对的，因人而异，因学科而异，所以走近学生，对于每一位老师来说，其感受是不同的，甚至快乐的程度也可能不同。

博观薄发：

教学研究

3

引 言

内得心源，外师造化
——内外兼修，助力教师自我发展
孙慧

《论语》有云：君子务本，本立而道生。作为新入职的中学教师，"本"是什么？如何尽快立本，顺利融入职场，走上成长发展的道路？《专业标准》给了我们明确的答案。

《专业标准》提出"学生为本""师德为先""能力为重""终身学习"四个基本理念作为专业人员在专业实践和专业发展中应当秉持的价值导向。基本内容包含"维度""领域"和"基本要求"三个层次，即三大维度、十四个领域、六十三条基本要求，具体而微，既是要求又是评价标准，是青年教师的成长导航。

"法乎其上，得乎其中；法乎其中，得乎其下。"具有专业知识和能力，站稳讲台只是基本要求。教学研究是教师自我发展的必经之路，教研能力也是作为专业教师的重要能力。

教研能力的培养是学校青年教师研修的重点之一。学校采用多种方式，内外兼修，提升青年教师的教研能力。

点燃激情，从心开始。人最大的动力往往来自自己，只有唤醒、点燃内在的欲望，它才能成为动力的源泉。学校青年教师占64%，教师队伍年轻化，本身专业素质高，具备研究能力，可塑性强，需要的是激发和引领。为此，学校利用资源，身边的骨干教师现身说法，用语言和行动传递自己对教育事业的热爱；广邀专家名师讲座，加强教师的师德及心理建设，激发他们的热忧和激情。

修炼内功，从读书开始。读书是人类重要的学习方式，精神的提升和传承必须强化阅读，阅读是站在大师的肩膀上前行。"言之无文，行而不远"，只有储备丰厚的专业知识，积淀深厚的专业理论，研究才能有源头活水。自学和共修齐头并进，通过自修查漏补缺，不断积累；推荐优秀作品，教师同读一本书，定期开展读书分享，让思维碰撞，受益良多。

下水游泳，从实践开始。站在岸上学不会游泳，教育教学实践就是游泳池，课堂、学生是不断变化的，准备再充分的课也不一定能上好，再多的预设也很难囊括学生在课堂上的表现，课堂上林林总总的情况恰恰是老师研究的着眼点，上课、听课、观课……教学实践这个无边的大海给我们提供了无尽的研究话题。

厚积薄发，从写作开始。阅读是站在大师的肩膀上前行，写作其实是站在自己的肩膀上攀升。朱永新教授2002年在创导"新教育实验"时曾有一"保险"——《"朱永新成功保险公司"开业启事》，投保条件：每日三省自身，写千字文一篇。一天所见、所闻、所读、所思，无不可入文。10年后持3650篇千字文（计360万字）来本公司。如投保方自感10年后未能跻身成功者之列，本公司以一赔百。看似玩笑，其实是朱永新老师在以他特有的方式给行走在成长路上的教师传达自己对勤奋者热情的鼓励和殷切的期望，更是给出了一个操之可行、行之有效的方式。很多在迷茫中摸索的教师走上了这条道路，也从此走上了成长成功的道路。学校青年教师也行走在这条道路上：随笔、日记、教学反思、课例分析……记录着他们成长的足迹。

内得心源：正心、读书领悟，丰厚底蕴；外师造化，请进来、走出去，拓宽视野。这些扎实的功夫引领学校青年教师走上了自我专业发展的道路，短短三年，他们已经在各级教学教研比赛中崭露头角，假以时日，他们定会大放异彩，成为珠海乃至全国教坛的一道亮丽的风景线。

观课报告

《辛亥革命》观课报告

黄燕飞

日期：2019年4月10日

节次：6

班级：初一（12）班

课题：辛亥革命

执教教师：沈世刚

在民族危机日益加深的背景下，以孙中山为代表的革命党人，为救国救民抛头颅、洒热血，第一次提出了比较完整的资产阶级民主革命纲领，进一步阐发为民族、民权、民生，并使它广泛地为革命分子所认同。这是中国近代思想发展进程中的一个重大进步。辛亥革命成功地推翻了中国两千多年来的君主专制制度，民主共和观念深入人心。辛亥革命沉重打击了帝国主义的侵略势力，促进了中国民族资本主义的发展，对近代亚洲各国被压迫民族的解放运动产生了广泛的影响。

本课在课本中是第三单元第9课，上承第二单元"近代化的早期探索与民族危机的加剧"，下接第四单元"新时代的曙光"。辛亥革命从中国人民抗争的角度来说，是一次完全意义上的资产阶级民主革命；从近代化的探索来看，它迈出了近代化探索富有实质性意义的一步，在中国近代史的发展中占有十分重要的地位。

一、教学整体设计的评价

1. 教学内容和地位

本课共两个子目：革命志士的奋斗和武昌起义。两目之间是递进关系，武昌起义之前，革命党人已经进行了多次武装起义，但均以失败告终，唯武昌起义一举成功。武昌起义的成功有很多偶然因素，但同时也是偶然中的必然，它是革命形势成熟的结果。一方面，革命派大力进行民主革命思想的传播，使新军中很多人不满清政府的统治，倾向革命。同时，革命党人领导的尤其是同盟会成立后发动的一系列武装起义，虽然没有取得成功，但是已经动摇了清朝的专制统治，同时也锤炼了革命力量。另一方面，帝国主义的掠夺和清政府的压榨，使人民的反抗怒潮不断高涨，奠定了革命的群众基础。清政府在当时已陷入众叛亲离、四面楚歌的境地，专制王朝的末日终于来临。

2. 教学流程（参照听课记录）

沈世刚老师把本课内容分为三大部分：第一部分是"星星之火势燎原"（革命志士的奋斗），第二部分是"平地惊雷事竟成"（武昌起义），第三部分是"辛亥革命的意义"。首先，沈老师从宏观角度向学生介绍第三单元的结构，构建框架，学生自主学习2分钟，找出本课重点、难点、要点。学生从背景、发展、影响三部分归纳本课主要内容。随后，沈老师开始讲授新课，革命志士的奋斗一目中，内容比较多，因此要求学生通过表格归纳，找出革命志士奋斗的各项要点。

构建框架

起义名称	时间	人物	结果、影响
萍浏醴起义			
绍兴起义		秋瑾	
广西镇南关起义			
黄花岗起义		黄兴、林觉民	

其次，为了让学生更好地感受革命志士的精神，沈老师邀请学生讲述相关历史人物的故事，如方声洞、林觉民等人。随后进入第二部分的学习——武昌起义。在这部分的学习中，沈老师重点讲述了武昌起义成功的原因，平

地惊雷事竟成，是因为顺应了天下大势，是顺势而为。引用孙中山先生的话"天下大势，浩浩汤汤，顺之则昌，逆之则亡"，让学生更深刻地感受到了时势的动荡和潮流，清政府的封建统治是逆势而为，因此众叛亲离、土崩瓦解。最后一部分则是讲述了辛亥革命的意义。

3. 教材和重难点处理

沈老师把教材内容进行了合理的整合，加入了自己的思考，把本课内容分为三部分，并且起了小标题。教学过程中，沈老师对教学材料信手拈来，如名人故事、名人名言等，不仅能帮助学生更好地理解本节误知识，也展现了沈老师本人渊博的知识底蕴以及高超的教学技巧。本课重难点突出，重点部分为武昌起义，沈老师通过讲授法帮助学生理解武昌起义一举成功的原因；难点部分为辛亥革命的意义，沈老师通过补充辛亥革命后的社会现象和社会风气的史实，帮助学生理解辛亥革命使民主共和观念深入人心。

二、三维目标的评价

1. 知识与技能

（本节课让学生学到的知识和技能）

了解同盟会成立后，革命志士发动的武装起义的名称、领导人以及影响。了解武昌起义的背景、过程，分析归纳历史意义。通过对辛亥革命历史意义的分析，培养学生的历史思维能力。

2. 过程与方法

（突破教学重难点的教法及效果，如信息技术、游戏、小组合作等）

通过问题的设计和提出，让学生学会分析历史问题的方法，并利用合作探索、创设情境的方法，让学生充分调动大脑，增强学生的参与协助意识。

3. 情感态度与价值观

（教学手段、内容与学生的学情结合，学科价值的体现等）

感悟革命党人为国为民、敢于牺牲的奉献精神，认识辛亥革命推翻帝制、缔造共和的伟大历史意义。

4. 小结

（从学科核心素养方面体现）

唯物史观：唯物辩证法，辛亥革命有其成功的一面，也有其局限性。

史料实证：沈老师引用丰富的历史材料，包括图片，导出问题，并进行推理、分析，让学生主动探究问题，进一步认识到论从史出、史由证来，纠正学生戏说历史的不良习惯。

时空观念：沈老师引导学生把具体事件放到特定的历史时期来分析，引导学生较好地建立时空观念。

家国情怀：通过邀请学生讲述革命英雄的奋斗故事，感悟革命党人为国为民、敢于牺牲的奉献精神，让学生更好地感悟和平来之不易，感受当下生活的美好，激励学生珍惜和守护美好的时代。

三、对教学理念和亮点的评价

（例如，学生为主体，以学生的学习活动为中心，教师是教学活动的组织者和参与者）

沈老师作为骨干教师，教学技巧炉火纯青，在原有的教学经验加持下，沈老师还非常热衷于学习新的教育教学理念。这节课的亮点之一在于教学内容的整合，每部分的内容都有一个小标题，以让学生更好地形成整体观念、联系观念；亮点之二在于沈老师的教学材料比较新颖，能够引起学生的兴趣；亮点之三在于情境创设，沈老师通过丰富、具有感染力的语言和神态，向学生描绘了一幅波澜壮阔的革命情景，把学生带入了动荡的近代中国，让学生感受面对亡国灭种的危机，中国部分先进知识分子不惜奉献自己的人生、奉献自己的生命，救亡图存的壮举。通过创设情境，沈老师成功地把本节课推向高潮，收到了较好的教学效果。

四、改进建议

（或听课收获、心得）

通过观摩沈老师的历史课堂，我认识到一节好课应该具备三个特点：有序、有趣、有效。有序，讲究活而不乱；有趣，倡导以趣激情，有滋有味；有效，注重学习体验，激思解疑。通过观摩优秀教师的课堂，我意识到了自己课堂上的问题，今后我会坚持多听课、多反思，为成为一名合格的教师继续努力。

《勾股定理》观课报告

江瑜慧

日期：2018年11月6日

节次：3

班级：初二（10）班

课题：勾股定理

执教教师：肖晶

勾股定理是初二学生在已经掌握了直角三角形有关性质的基础上进行学习的，它是直角三角形的一条非常重要的性质，是几何中重要的定理之一。它解释了一个三角形三条边之间的数量关系，在实际生活中用途很大。教材在编写时注意培养学生的动手操作能力和观察、分析问题的能力，通过实际分析、拼图等活动，使学生获得较为直观的印象，让学生通过联系、比较理解勾股定理，以便于正确地进行运用。

这节课教学设计合理，教材与学情分析准确、全面，教学目标明确，重难点处理符合学生认知规律，情境与活动设计指向问题，解决教学环节相对完整，过程流畅，结构清晰。学生学习兴趣浓厚，积极主动，参与度高，课堂气氛活跃有序。学生自主探索，敢于猜想：充分让自己动手操作，大胆猜想数学问题的结论，老师是整个活动的组织者，更是一位参与者；学生之间相互交流协作，从而形成生动的课堂环境。这节课主要有以下优点，很值得学习。

（1）从教师教学来看，教师对课堂教学进行了精心设计。教师首先让学生了解勾股定理的历史，观察投影上的图片有什么规律，逐步引导学生思考问题，创设生动启发性的问题情境，激发学生的问题冲突，让学生在感到有趣、有意思的状态下进入学习过程。课堂结构合理，活动安排科学，能够落实分层教学，考虑到全体学生情况，练习设计合理，有层次、有梯度，基础知识在课堂上掌握，关键性训练完成，在课堂上解决问题。

（2）课堂氛围营造。课前进行小组分配，让所有的学生都参与课堂活动，实行小组合作制，各小组推荐一人担任"发言人"，一人担任"书记员"。讨论结束后，小组的发言人汇报本小组的讨论结果，并上台利用多媒体视频展示台展示本组的优秀作品，其他小组给予评价，这样既保证了讨论的有效性，也调动了学生的学习积极性。针对初二学生的年龄特点，教师又适当加入鼓励性的语言，激起学生的参与意识。教师在教学中能够坚持以学生为本，面向全体学生，调动起学生的积极性。

（3）师生双边活动课堂上：教师让学生在讲台上讲解，充分暴露学生思维中的缺点，教师及时补充更正，收到了很好的效果。课堂上，既有师生的交流，又有生生的交流；既发挥了学生的主观能动性，也提高了学生的智力活动水平。本节课充分地展示了教师既是课堂的组织者，又是课堂的参与者，体现了学生在课堂中的主观能动性，与新课标对课堂的要求十分相符。

（4）学习方式与方法。教学中开展了小组活动，活动中，小组成员利用教师所提供的材料，通过分析比较、抽象和概括，与一系列积极的思维活动实现了认识上的飞跃，这有利于培养学生的团队精神和创新能力。小组活动让学生的个性得到发展，又更全面地照顾到全体学生，让每一个学生都得到了相应的发展。

总体来看，这节课凸显了学生的主体地位，以如何提高学生的证明思路分析能力为着力点，通过定理的证明例题巩固知识，及时总结提升，培养学生分析问题、解决问题的能力，从创造性地使用立体到设计、变式训练、迁移训练，使学生的思维在广度和深度上得以发展，从而实现数学思维的全方位训练。

从本节课中，我也认识到了自己的不足。有经验的教师每一节课的设计都不是独立存在的，如本节课讲的是勾股定理，其实就是直角三角形中的三边关系，前面我们已经学过了直角三角形中的角角关系，因此可以在复习角角知识点时，引导学生思考边边关系以及初三所要学的边角关系。这类承上启下的知识联系是我所欠缺的，作为青年教师，平时除了需要上好课之外，更应该学会将每一个知识点的前因后果进行总结，这样，自己的教学内容才会更系统。

《光的色散》观课报告

林粉兰

日期：2019年11月18日

节次：1

班级：初二年级课程

课题：光的色散

执教教师：何其荣

作为一名刚踏上教师岗位的青年教师，为了更好地完成教育教学工作，我觉得最重要的一件事便是快速成长。我们在大学时储备的理论知识远远不能满足我们的日常教学需要，所以我们还需要继续成长。对青年教师的成长有很大帮助的一种方法便是听课，听课可以让我们知道该如何设计并上好一堂课。很幸运的是，除了有学校为我们开展的青年研修工程外，我们还能经常参加市区开展的公开课。从听课过程中，我领略到每位优秀教师的上课风采，让我收获满满。在听了一节拱北中学何老师的初二年级课后，我被这节完美的课震撼到了，故想写一下听完这堂课的感悟。

何老师在本节课运用了很多信息技术，如手机同屏、手机相机放大镜等来提高学生体验。利用手机镜头放大镜观察电视屏幕的显示器，让学生直观体验到不同颜色是由红、绿、蓝的不同比例混合而成的；通过暗箱的演示展示了我们所看到的物体的颜色是由它反射的色光决定的；利用手机同屏提高了实验现象的可视度，提高了全体学生的直观体验。课堂生动有趣，学生的直观体验强、求知欲更高，学生更容易形成物理的基本观念。

何老师在这堂课上的设计也很合理，课堂结构层层递进，注重学生三维目标的培养。例如，在讲解光的色散现象时，何老师先是提出问题：为什么太阳光在经过三棱镜时会出现不同的色光？让学生猜想假设，再小组合作探究。通过观察光的色散、色光的混合，得出结论。通过实验了解光的色散现象，体现了初步认识科学探究的一般过程，让学生领悟科学探究方法，发展学生的科学探究能力。通过提出问题、形成假设，并利用科学方法检验求证，得出结论，培养学生形成良好的科学思维。通过本次课堂，让学生体验科学探究的乐趣，养成勇于创新的科学精神，培养正确的科学态度。

本节课的亮点：首先，物理学科注重培养学生动手探究实验的能力，但在常规课堂上，很难将每个学生做实验的情况反馈给老师，老师也只能关注大部分学生。而何老师利用二维码的方式，让学生将自己做实验的情况拍成视频，传给老师，当作家庭作业，这样可以更全面地了解学生的掌握情况。其次，一些比较有趣的拓展知识也以二维码的形式发给学生，让学生的学习不局限于课本的知识，开阔学生的视野。让学生在学习物理时不再只是学习理论知识，让知识回归实际生活，让学生学习更有乐趣。

何老师的课开阔了我的视野，让我觉得课堂不仅要设计合理、重难点突出，也要注重学生的体验。对此，我有以下感想。

（1）作为年轻教师，应像何老师那样多学习信息技术，而不单单会PPT、同屏等。科技在发展，我们也要发展自己的教学手段，让我们的课堂更加生动有趣，提高学生的学习兴趣。

（2）应关注全体学生对知识点的掌握程度，及时调整教学进度。本节课的结构层层递进，知识点讲解很清楚，但对学困生缺乏关注，基本以中等生、学优生的掌握情况代替全班的掌握情况，可以多叫学困生回答基础知识点。若是多位学生还不懂，可以通过习题强化训练。

（3）注重课堂设计。本节课的趣味性强，以一个非常简单又符合本节内容的游戏引入，大大地吸引了学生的学习兴趣，也让学生对本节课的内容有一定的方向。本节课的创新点很多，如暗箱演示不同色光照射不同颜色的物体的情况，让学生直观体验，对知识点的掌握会更加深刻。

（4）作为年轻教师，我们应不断地学习，学习如何去设计每个教学环节，如何让自己的课堂更有趣，如何去创新课堂。

第三篇　博观薄发：教学研究

总之，这节课让我收获颇多，给我最大的感受是要不断学习新信息技术，不能故步自封。作为一名新教师，对于如何把握课堂，可以通过多听课的方式向有经验的教师学习。听课前应将课备好，遇到不知如何突破重难点的情况时，再通过听课方式借鉴其他教师的教学方法，进一步提高自身的专业素养。

《列夫·托尔斯泰》观课报告

王舒艺

日期：2018年10月9日

节次：4

班级：初二（9）班

课题：列夫·托尔斯泰

执教教师：李骏卿

我选择的观课角度是语文知识的课堂处理方式与技巧，从课程资源的利用与开发、课堂气氛营造、教学目标的设置与达成、学习方式方法、教学问题的设置与处理五个维度对这节课进行梳理思考，找寻语文教学思维的特点。

李老师的这节八年级语文上册第7课《列夫·托尔斯泰》知识点较多。涉及旧知识，如比喻作用的答题模式以及结合具体事例分析人物形象；也有新知识的讲授，如欲扬先抑的写作手法、衬托的作用、夸张的概念与分类等。学生听课时间过长可能会比较累，但这节课学生状态似乎一直不错，有良好的语文功底和学习习惯。这样的状态不是一节课能做到的，可见李老师对学生的正向引导和严格要求。本节课知识点讲解清晰、落实到位，学生状态佳，是一节很有效的语文课。

一、本节课的优点

1. 知识点紧扣中考考点，重难点突出

本节课首先在课前预习检查环节告知学生中考词语题的考试范围、出题形式与分值，对学生应把握的程度给了提示；其次，李老师在学生读课文时，要求保持一定的阅读速度，告知学生中考语文阅读材料的字数与阅读建议速度；再次，要求学生用10个字概括两个部分内容，并让学生猜测这种题是中考中的第几题；最后，在讲比喻、夸张等修辞手法的赏析时，让学生明确这是中考中的第15或17题。不论是哪一个知识点的讲授都有依据。

2. 教学目标明确，教学环节紧凑

在课后和授课教师的交流中，得到以下启示：①往往每节课课前，读的教学目标是不够具体的，板书是框架，还可把更具体的教学目标写在黑板空白处，完成一项勾掉一项，更好地加强学生对知识的把握，学生还能获得完成目标的成就感。②对于基础词语的把握，李老师的处理方式是课前齐读"读读写写"，在课堂的尾声，齐读课文下的重点注释词语和意思，这样就用较短的时间达成了正音、积累词汇量的教学目标，并且将需要掌握的不在"读读写写"，而是列在注释里面的词语补充在了课后"读读写写"的旁边。③欲扬先抑的手法在《阿长与〈山海经〉》这篇课文的学习中已经学习过，因此在这节课中除了进行简单的概念复习外，还根据课文画了一张托尔斯泰其貌不扬的肖像（知识框架），非常清晰地展现了抑与扬的内容，这让学生对作者的行文思路有了更深入的了解。④本节课对夸张手法的分类和作用进行了细致的讲解，作为补白，不是干巴巴的概念讲解，也涉及了学生探究发现的过程，首先从课文中找出典型的夸张的句子，给学生时间，让他们在旁边做批注、写赏析，在此基础上解释夸张的类型：扩大、缩小和起前，同时举了对应的例子，非常直观。为避免学生运用陷入误区，又列举三点夸张手法使用的注意事项，讲解透彻后，连同夸张的作用，让学生当堂背，及时记忆。

3. 教学问题设置发散性强，操作性强，有挑战性

提出一个任务的时候不是笼统地要求，而是加入限制条件，让要求更准确易操作，如请学生概括课文两个部分的主要内容，限时3分钟，每个部分

10个字左右。学生思考实践后，老师公布参考答案。再如，"速读课文，概括两个部分的主要内容"，提问非常简洁，任务的指向性强，如："托尔斯泰的优点和缺点放在一起，有什么作用？"直指写作手法，训练学生思维；"找出文中外貌描写的句子，判断哪些是比喻，哪些是夸张"；等等。

二、本节课的不足之处

1. 课堂氛围过于沉闷，学生主体性不够突出

首先，作为听课老师，我感受到本节课的氛围比较凝重，教师讲授知识之余，在学生的兴趣激发和注意力的保持上设置的"刺激"不足。如何在学生沉闷时加入一丝快乐，这也是教师要思考的。老师对课堂环节进行了精心的设计，学生动笔落实得也非常到位。但互动较少，或因有老师听课，学生比较紧张，因而呈现出一种机械性接受、长时间记笔记的状态。大部分学生掌握到什么程度，可能还需要在后续的课上继续练习跟进。

2. 应试讲解痕迹过重，文学性熏陶不足

本节课讲透彻了很多文学概念，如欲扬先抑、比喻、夸张，尤其详细讲了夸张的类型和应用，但我总觉得过于理论化。我记得新课标中提到，孩子对于手法的掌握是立足于文本赏析结合的过程，而不建议进行系统的理论讲解。结合以前的听课经验，优美有意境的语言能带给学生无形的文学美感的熏陶，关于课文的批注可多用些灵动美妙的语句，孩子们读之写之看之，美感与兴趣自然会跃然心上。所以，讲透彻知识点非常难能可贵，但是语文课氤氲的文学韵味也是必不可少的。

综上，在观摩学习、交流碰撞、总结提升上的路还很远，和所有教师共同思考学习。

"*How much are these socks?* " 观课报告

熊楚雄

日期：11月29日

节次：第6节

班级：初一（10）班

课题：*How much are these socks?*

执教教师：杨梅桂

本节授课内容选自人教版《英语》七年级上册"*Unit 7 How much are these socks?* " Section B中的2a-2c。这是本单元的阅读部分。该部分为一则服装店的促销广告，广告的目的在于告知消费者各种衣服的价格并促使消费者购买。

本节课杨老师预设的教学目标包括：①在语境中理解并运用以下新词及短语：clothes，store，buy，sell，sale，all，very，price，boy，apairof，atourgreatsale，atverygoodprices，We have...for+价钱，...is/are+价钱+for+数量。②通过跳读和寻读的阅读策略理解文章内容，并在阅读中深入思考，提高思维品质。③能熟练运用相关句型表达衣服的价格，并借助思维导图完成写作任务。④能了解广告的促销策略，培养消费者的理性消费观。

导入部分通过询问学生11月的重要日子，逐步从Thanksgiving Day，Double Eleven等学生熟知的日子过渡到美国的黑色星期五购物节，激活了学生的思维。

在呈现新课内容时，教师通过美国的黑色星期五购物节逐步过渡到Mr. Cool's Clothes Store，并根据图文在语境中呈现新词及其音标，如sell，sale，price等，同时呈现文章的主要句型"sth. is / are+价钱"和"We have sth. for+价钱"。这不仅活跃了课堂气氛，拉近了老师与学生的距离，也为后面阅读扫清了障碍，降低了难度。

在快速阅读环节，引导学生利用跳读的阅读策略，首先关注文章标题及首尾，培养学生快速阅读和确定文本类型的能力。

在细读环节，教师让学生完成表格。学生在这一过程中对衣物进行分类后可以发现，文章作者基本是按照上装、下装、鞋袜的顺序来介绍服装的。通过分类和构建思维导图，为后面的写作框架构建做好铺垫。此外，利用信息技术让学生动起来，可以活跃气氛，使学生更专注于学习。之后教师提出的两个问题，需要学生阅读文本后在头脑中对信息进行加工，通过比较、计算得出答案，强化学生的信息理解和加工能力。第三个问题属于开放性问题，在于培养学生的批判性思维，让学生对促销服装有自己的看法，唤醒他们对消费的理性认识。通过对文章语言和结构的分析，教师帮助学生熟悉广告语言的特点，使学生掌握仿写的思路，为写作部分做好铺垫。

在写作部分，教师补充了一些其他的广告促销表达，拓展学生对广告语言的认知，使学生能够根据自身购物经历想出一些其他的促销策略，突破课文文本内容的局限，为丰富写作的内涵做好准备。

在写作任务设计方面，教师通过引入刊登在《阳江日报》上的一则征文广告来创设写作的背景，然后教师呈现自己投稿的广告视频，学生观看视频后完成填空。通过观看视频，学生的创作兴趣被激起，同时进一步熟悉了句型。

最后，小组讨论设计店名，运用所学知识开展小组写作，意在培养学生的合作意识，让学生设计个性化的店铺和具有吸引力的广告，充分体验广告设计的乐趣。

一、本节课的优点

（1）充分挖掘文本内容，提升学生思维品质

教师通过一系列连贯的情境呈现新词，同时教授音标。在快速扫清词汇、语言结构的障碍后，将教学重心放在引导学生掌握阅读技巧以及进行更深层次的思考上，培养学生的思维品质。

（2）紧扣教学目标，教学任务逐层递进

教师根据教学目标，设计了逐层上升的阅读任务，符合初中学生的认知

规律和方式。例如，在学生完成基础的表格填写后，教师立即引导学生完成关于打折服装的思维导图，为后面的复述和写作埋下伏笔。此外，教师在之后的环节通过设置一些需要计算的阅读问题，培养学生的推理能力。

（3）利用信息技术手段活跃课堂气氛，提高学生学习知识的热度

初中阶段的孩子对新事物充满好奇，一些动手的活动往往让他们饶有兴致。例如，在写作前选词填空的任务中，学生通过亲手拖动词块到对应的空格之中，不仅巩固了句型，也提升了学习知识的热情。

二、本节课的不足之处

（1）部分环节有重叠，课堂效率有待提高

在careful reading的第二个环节，教师与学生一起构建了关于本文中服装以及价格的思维导图，学生口头复述了一些句子，这与写作前的复述文章有重叠，浪费了一些时间，导致在最后环节学生的作品展示时间不够充分。

（2）写作展示环节没有充分调动学生的表演热情

教师虽然通过录制的一段搞笑的服装促销广告视频让学生开怀大笑，但在展示环节，教师没有充分调动学生的表演热情，学生只是对照着作品朗读全文，使得广告口语表达的特点没有充分展现。如果教师能通过实物服装和道具进行现场表演展示，相信学生的表演欲望会被更好地调动起来。

观课小结

静观而有所思

黄少莹

静观、亲历和反思三者相结合并持之以恒，才能促进教师更好更快地成长。通过观课发现不一样的教学理念、有趣而高效的教学活动、新颖而实用的课程资源、活跃而有序的课堂气氛。当然，从观课的过程中也能发现教学过程中存在的各种问题。以下几个方面是本人通过观课受到的启发。

一、明确的教学目标让课堂更紧凑、更高效

通过观察多节优质的课堂，会了解到这些课程的目标十分具体且十分明确。每一个教学环节的设计意图都会与本节课的重难点挂钩，如在数学课堂上，教师让学生连接中线，并非作图的简单学习任务，而是通过作图让学生更直观地感受中线的性质和作用。另外，在英语课中，教师边勾画简笔画，边带领学生复习旧知、学习新知，不仅有趣，更是一种高效的教学方法，可以在短时间内帮助学生理解和记忆新词汇。目标明确可以在某种程度上避免低效或无效的学习活动，若明确的目标让学生在课前先了解，那么学生在课堂活动中的参与度和表现都会相对良好，因为他们清晰地了解到自己将会从本节课中收获什么。

二、巧妙的教学方法和问题设计让学生学得更轻松

英语语法中现在进行时和一般现在时两种时态易混淆，学生刚开始学习

现在进行时常常会把be动词忽略，那如何清晰又直观地展示两者的区别呢？在观摩课堂中，有教师会把句子中的时间标志词用不同颜色的笔标示出来，把静态图片通过技术处理变成动态图片，这样，学生在视觉上很快就能理解一般现在时与现在进行时的区别。另外，问题的设计也考验教师的智慧与反应能力，简单重复的问题会让学生逐渐失去听课的热情；相反，递进式的提问会引起学生的思考和激发他们的求知欲。例如，在探索连接任意四边形的中点所得到的四边形是什么形状时，教师没有直接动手画图或告知答案，而是让学生边画图，边猜想，边总结，最后让学生在动手操作的过程中轻松地突破本节课的重点知识。

三、合理利用课程资源，实现教学效果的最大化

学习的最终目标是运用所学的知识解决问题，如在学习购物和价钱的话题时，教师让学生把自己的衣服、学习用品带到课堂上模拟购物的情景，真实生动，学生更易于掌握相关的词汇和句型。在地理课堂上，学习东南亚的人文地理知识时，教师直接把课堂的活动汇合在一张有趣的"机票"上，学生的参与度得到很大提升；同时教师通过旅行的照片和视频与学生分享当地的风土人情，让学生在视觉和听觉上领略了一番异域风情，加深学生印象。

四、发挥学生主体性，以营造活跃的课堂气氛

学生是学习活动的主人，教师在教育教学过程中起到引领和指导的作用。在传统课堂上，教师是主角，大部分时间都是教师在讲解或演示，学生只需按要求认真做笔记，配合完成各类教学活动。长期如此，课堂气氛比较沉闷，毕竟课堂上只有一种声音——上课教师在主唱。把课堂还给学生，让他们那活跃的思维碰撞出火花，让课堂有多种声音存在，更彰显活力。仍记得那节印象深刻的生物复习课，教师在课堂上用短短的几分钟向大家展示本节复习课的重难点，接着是学生代表用自己制作的精美幻灯片、简洁明了的语言、得体大方的肢体动作向同学们展示自己的复习思路。在讲解的过程中，其余同学或聚精会神听讲，或提笔记重点。除了讲解以外，那名学生代表还设计了提问环节，大家都积极参与其中，课堂气氛十分活跃，很少见到游离的眼神或多余的小动作，这难道不是我们教师所追求的理想课堂吗？有

了表现的舞台，学生才会在课堂上畅所欲言、大胆猜测，学习的主体性才能得到充分的体现。还有字母的规范教学活动，看似简单，但如何才能突破那重复无聊的教学环节，让学生体会到书写的乐趣呢？在观摩课中，经验丰富的教师在黑板上只做了一个示范，并没有把所有的字母一一板书。她采用随机抽查的方式让学生上台板书剩余的字母，因为上台的机会不确定，所以学生无论是听课还是书写练习都特别认真、积极主动。被抽查的学生也特别激动，他们一笔一画写好，希望得到同学和老师的肯定与赞扬。板书身份的改变，事虽小但意义大，学生在课堂上主动练习，课堂气氛也随着学生的板书和老师的反馈逐渐升温。

　　静观与聆听，细细品味名师课堂，感受那活跃的课堂气氛、和谐的师生互动，在观摩中有所思，更有所收获。

读书心得

《正面管教》读书感悟

孙嘉君

很有幸在第一年当班主任的时候看了《正面管教》，这本书不仅适合给父母看，也适合给老师看，它对我们教好十几岁的学生有极大的帮助。初中阶段属于成长的关键阶段，学生渐渐进入叛逆期，不仅家长需要学会理解孩子，老师也要学会正尊重、包容、正面管教学生。

何为"正面管教"？在阅读这本书之前，我以为就是鼓励教育，但是阅读后才发现自己太肤浅了。正面管教是一个很大的范畴，是冷静、和善、坚定并且对学生充满鼓励的教育方式。

学生内心是渴望爱的，他们想得到他人的尊重，想享受被爱的感觉，做班主任的过程中，我常常觉得问题学生的心理归根结底是缺爱的。他们总是觉得父母不爱他们，当一个学生成长在一个充满爱意的环境，让他们感受到被爱的感觉，这个学生不大可能变坏。我们总是想方设法地让学生心中有爱，但是，爱从哪里来？很多老师、家长都不会表达爱意，《正面管教》这本书从多个角度阐述了如何把爱的信息传递给学生，会给我们以很大帮助。

我们总是想要控制，感觉一个学生如果脱离了控制，就会陷入麻烦、受到伤害或遭遇失败。带着这样的恐惧，我们的教育往往会变成一味地说教，且容易升级为激烈的责骂，更加不可能让学生体会到尊重感和被爱的感觉。

所以，与十几岁的孩子如何进行情感联结，让孩子们体会到爱与被爱呢？《正面管教》这本书给予了我们很好的答案。

一、站在学生的角度看问题并共情

我们往往站在成年人的角度去思考问题：你怎么还不学习？你作业怎么还没写完？为什么他们总是闯祸？为什么你要打那个同学？有时候，我们甚至戴着有色眼镜去看待某些学生，更糟糕的是，这些学生久而久之也会觉得自己是个差生。有些学生可能比较活泼好动，经常惹是生非，于是，我们自然而然地对其没有好脸色，甚至语气中尽是不信任与唉声叹气，那么这个学生自然而然地会觉得自己是个差生，从而用更叛逆的行为来抵抗。我们为什么不站在学生的角度去想问题，真正理解他们的动机、想法，对他们的行为表示理解和体谅，给予他们信任。

二、倾听并保持好奇心

我经常碰到有些家长向我抱怨："老师，我的话他不听，他只听老师的话。"每每听到这些话，我都很着急。很多孩子不听家长的话，是因为家长从不听孩子的话。所以，我每每对家长说，当孩子想要表达的时候，不要急着否定他，并将自己的意愿强加于他，先听他说，听他的逻辑和道理，对其表示肯定。以一个倾听者的姿态，带着好奇心去倾听，往往更有利于孩子的发展。

三、用鼓励代替羞辱

"有时候，我讨厌和父母说话，他们总是小题大做，明明这件事情很小，但却没完没了。"这是学生经常和我说的话。我深深地反思了一下我对学生的教育，自己是否有因为一件小事而唠唠叨叨半天呢？是否因为无意批评而羞辱了他们的人格呢？我们班的帆帆，一直以来都让我头疼不已，每天都迟到，每天都要和我作对，无论做错什么事情都是一脸笑嘻嘻的样子，什么样的惩罚对他都无效，这让我十分挫败。一天，我进行了一个语文的背默比赛，竟然看到他努力地想要让自己的排位有所提高，于是开始背书。这让我抓住了一个好的教育契机，往后的日子里，只要帆帆有进步我就夸他。当班级的学生迟迟没有拿书出来早读的时候，我说，帆帆已经把书拿出来等你们很久了；当帆帆上课举手回答问题的时候，我会表扬帆帆的勇敢；当他想要坐前面认真学习的时候，我专门在班上设了个C位，并且表扬他最近进步很大，全班同学以雷鸣般的掌声对其表示祝贺，当他的排位因为他的努力而获得提升的时候，他羞涩地笑了。

我明白，对于帆帆，以前的我实在是太急了，总想着他应该像个初中生一样，自律一点，所以一味地看不顺眼，一味地指责批评。但是换一种角度，对他的进步表示赞赏，对他的努力表示赞扬，让他定一个小目标，靠自己的努力获得一定的成就，这要有效得多。我想，作为班主任，我们一定要关注学生需要什么，抓住触动心灵的一瞬间，让其改变，你会发现，每个学生都是一首诗，都会有诗意。

阅读《正面管教》这本书的过程中，我除了学习其中优秀的思想外，还对自己的教学进行了反思。在反思中，我逐渐领悟到教育的真谛——让学生成为一个"善"的人，我也逐渐形成自己的教育理念、教育思想。总之，我要不断地学习、不断地反思，争取得到更大的进步。

《班主任兵法》读书体会

林纯

读一本好书，犹如在干涸的沙漠中找到一泓清泉，在黑暗的夜空中看到一道星光，在迷茫的森林中寻到一个方向。读完万玮老师的《班主任兵法》，我对万玮老师肃然起敬，不得不佩服他从教期间的教书智慧和机智。万玮老师与学生的每一个故事都真实感人，他用他的切身经历以及体验感悟为我教学成长的道路点亮了一盏明灯。

在平日空闲的时间里，我比较喜欢看一些散文、小说，《班主任兵法》是一次偶然的机会朋友推荐给我的。自从阅读了《班主任兵法》之后，我深刻地意识到自身所忽略的一个问题——虽然未曾当过班主任，但是也要向优秀的前辈们学习管理班级的艺术。

　　《班主任兵法》是一本教育反思集，分为实践篇和理论篇，它记述了万玮老师在担任班主任期间与学生"斗智斗勇"的故事，情节跌宕起伏，充满悬念，富有智慧，令我回味无穷。联想到现在教的这群学生，我做了这样的反思：教育工作其实是复杂的，作为计算机科任老师，我以往常常一味地把简单的问题简单化处理，总是觉得计算机老师不应该插手管学生太多事，但有时候我也对学生严厉斥责，不留余地，因为学生在计算机课堂上总是控制不住要玩电脑游戏；而有时候我又过于民主宽容，使得学生在犯错之后没有及时得到好的教育效果。这样看来，其实在一定程度上，我还把握不了教育的度。所以，我常常思索这样一个问题：如何用自己的教书智慧去教导所面对的这群学生呢？

　　从万玮老师描述的事实例子中，我意识到在以后的教书生涯中，自己总会遇到形形色色的学生，总要处理一些意想不到的事情，而事情如何处理就是在考验一名教师，更多的是在考验班主任教师。所以，万玮老师的这本《班主任兵法》值得我们青年教师细细阅读、品味一番。当碰到类似书中提及的问题的时候，可以适当根据现实情况及时做出相应的处理，避免走弯路，节省时间和精力。

　　总的来说，在当今社会中，我身边的同事包括我自己采月比较多的是感化的教育方式。这种感化式的教育方式在万玮老师看来并不是万能的，书中"当头棒喝""激怒制怒"等体现了在对学生进行思想感化的同时，震撼式教育也不失为一种好的教育方式。万玮老师胆大心细，对孩子的心思、行为反应等都能揣摩到。《孙子兵法》中有一句话是"攻城为下，攻心为上"，这是一切兵法的核心思想，在教育中，这犹如学生工作的核心思想，而班级的管理工作实质上就是以学生为核心的工作。

　　除此之外，还有一点让我感触比较深刻的是"教育的不同"，这种教育的不同在于时代的不同、地区的不同、学校的不同。诸如在我现在任教的地区，孩子们的校园生活比较规范化，也会开展一系列丰富校园文化的文艺活动、体育活动等，虽然与万玮老师所描述的活动截然不同，但各有教育的特色和韵味。不过，在一些小城市、小村庄里的学校，其实并没有组织开展那么多丰富多彩的活动。这种教育的不同也引起了我的思考，即使时代不同、地区不同、学校不同，但教育的本质却是相同的、相连的，教育的特色和教育的艺术也就自然而然形成了。

　　作为班主任，与学生相处的时间是比较多的，爱与严格相结合是班主任管理班级的重要原则之一。对学生的爱不是一味地宠爱和溺爱，也不是一味地宽容和原谅；对学生的严不是一味地要求，也不是一味地责备。对于十几岁的学生来说，他们辨别是非的能力并未完善，所以做对了要表扬，做错了要及时指出和纠正，万玮老师不正是做到了这一点吗？

　　仔细阅读完万玮老师的《班主任兵法》这本书，对于我这个青年教师来说犹如醍醐灌顶。我将在今后的教育教学实践中，用所学所思所感所悟来激励自己，让学生受到阳光的沐浴、雨露的滋润、教育的熏陶，希望学生在未来的道路上健康快乐地成长。

作为理想主义者的教师

——《致青年教师》读后感

徐宗诗

　　在成为教师之前，我也曾是一名学生。回想学生时代留给我最深印象的老师，或是对我产生巨大影响的老师，往往不是学校宣传层面的名师，也不是职称级别最高的老师，而是这样的老师：他们很普通，他们也有明显的缺点，他们甚至有时过于执着而被其他老师称作"迂腐"，但他们仍然被学生敬爱着。作为学生的我，当时并不知道他们为何有这样的魅力，不知道为什么自己被他们吸引，直到成为教师的一员，我才发觉，这样的老师是作为理想主义者的教师，是真正爱教学、爱学生的老师。我想，《致青年教师》的作者吴非，一定是一位教育的理想主义者。他鼓励学生仰望星空，过诗意的人生；他坚信教育是"慢"的艺术，需要耐心和爱心等待；他甚至敢说别人不敢说的话，做别人不敢或不屑做的事，只要一切的出发点是为了学生。在阅读此书的过程中，我的脑海中不断浮现出学生时代让我敬爱的老师。我庆幸这些老师给予我人格的完善和精神的成长，也让我怀有相似的教育理想，想把它从我这儿传播给我的学生，因为我们的工作，是面对那一双双睁大的眼睛。

一、回归教育本身

初上讲台，青年教师都想实现自己的价值，想在教学中获得成就感，我也不例外。但一开始教的两个班级就给了我当头棒喝：纪律性差、基础弱、成绩不理想。这让我长时间处于极度焦虑的状态，过度关注成绩和外界对我的眼光，忽略了学生的接受程度，也忘记了教育的初衷。

诚然，教学业绩是教师不能回避的问题，但有时我们关注成绩的时候更多的是先想到自己，而后才想到学生，至少最初我是这样的。害怕成绩分析大会，怕领导责备，怕同行嘲笑。我忘记了我面对的是有血有肉的人，这些学生不该化成表示成绩的那一串数字，也不是我教学的勋章，更不是我用来炫耀自己教学水平的工具。在书中，吴非告诫青年教师："教育工作的一个重要特征是'慢'，我们不可为一时的成功狂喜；再说，教育不是体育比赛，我们不需要'战胜'谁。"

大学期间，引领我爱上英语专业并让我下定决心从事英语教育的老师是我们学院的"另类"。他40岁出头的样子，几十年如一日专心钻研自己教授的听力课程，不求功名，一直都是讲师身份，这让很多老师不理解。他口语纯正的程度不输外国人，上课的声音非常有魅力，课程从不拘泥于课本，有他自己的一套体系。而且，课下他和我们交流也坚持用英语，并经常发给我们市面上找不到的英语学习资料，让我们有更多渠道去提高专业素养。他头衔没有其他老师那么多，也许在其他老师眼里他可能是个失败者，但他是学生心中最有风骨的老师，他的课程也是最受学生好评的一门课。

在他身上，我看到了教育最初的样子。

或许，他没有教给我们获得高分的秘籍，但他给我们每一个人都种下了热爱英语的种子，这一颗颗种子终究会在某一天开出花来。

我现在要做的也是播种。我要用耐心来灌溉，让它开出理想之花，即便最后享受收获喜悦的那个人不是我。

其他的，就留给学生去评价吧。

二、要有西西弗斯精神

青年教师另一个大的困境就是：太在乎意义了。

学生的成绩反反复复，教师付出很多，可能到头来还是竹篮打水一场空，有意义吗？似乎没有，这让人无比沮丧。

记得之前教的一个男生，每天上课睡觉，作业从来不交。为了"救"他，我每天中午午休的时候单独给他补课，只要有一点点进步就尽量表扬，但他似乎并不领情。终于，他在某天中午情绪爆发了。我要求他在办公室记背单词，他把书一扔，骂了一句脏话，直接走人。这样的学生要帮吗？或许把精力放在优生身上会回报更大？这真的让人很矛盾。

"没有教不好的学生，只有不会教的老师。"这句不知道出自谁的话，让初上讲台的青年教师战战兢兢，如履薄冰，没有一刻不在自我怀疑。

这让我想起神话里的西西弗斯，明知一切无意义，还是要把不断滚落山脚的巨石一次次推上山顶。这是他的宿命。或许，我们每个教师都应该像西西弗斯一样执着。吴非在书中承认，的确有教不好的学生，"有时候，我们只能等待。客观地说，至少，在学生的某个阶段，我们很难教好他"。

这句话让我释怀。

明知石头终将落下，一切可能还是会回到原点，但推的过程就是全部的意义。

更何况，加缪说西西弗斯是快乐的。

我们更应快乐，因为至少多数石块会留在山顶。

今天，我是一名幸福的老师吗

——《做一名幸福的教师》读后感

李嘉敏

　　第一次在书店里看到这本书，是受到封面"幸福"二字的吸引。试问，谁不想当一名幸福的人民教师呢？自站上讲台，当上一名英语教师以来，我多次反问自己："今天，我是一名幸福的老师吗？"

　　从小，我对自己人生的追求不过"幸福"两个字，而离开青涩的校园生活，迈入职场成为一名英语教师后，我更加体会到做一名幸福的老师是多么的"不容易"。我的小心愿只是成为一名在付出的同时又能够体会到幸福的英语教师，这难道很奢侈吗？该书共分为三部分，分别是"读书与教师生命成长""打点幸福人生""孔子的精神世界"，我希望可以从陶继新老师的书中找寻内心想要的答案。

　　幸福感从何而来？是从日常琐碎的班级管理、繁杂的教学任务还是从和谐的师生关系中感受？在读到《做一名幸福的教师》之前，我浅显的眼光只把幸福感放在班级管理、教学任务和师生关系上，没有考虑到教师自身的成长。书中提道："人们谈论更多、关注更多的往往是教师的专业成长，这固然重要；但是教师从身到心的生命飞跃，则是超越专业成长的。从某种意义上说，读书与教师的生命成长有着一种内在的维系。"看到这段话时，我深受触动，幸福感的体验来自自身，而作为获得幸福感的主体，我为什么没有联系到自己？自身的提高，不论是专业成长还是生命成长，都有利于提升教师的幸福感。我深知"读书能修身养性"，但"读书与教师生命成长的关系"更让我耳目一新。不禁反问自己："工作以来，我从读书中获益了吗？我又从读到的书中获得了什么？这一切是否提高了自身水平，又是否让我体会到幸福感呢？"答案是肯定的，我对职业和教学的理解不应该只停留在教学水平、管理技巧上，充分挖掘课本或者课外知识的深层次含义，才能够真正做到"传道、授业、解惑"，一节让学生获益良多的课堂又何尝不能让我体验到当老师的幸福呢？

常言道："要给学生一碗水，老师必须要先有一桶水。"面对当下日新月异、科技发达的社会，我深知部分同学的知识面之广，甚至超过老师。因此，教师必须要有源源不断的活水，才能为学生提供适合当今社会发展的知识。这活水从哪里来？从书中来。这就是"问渠那得清如许，为有源头活水来"，也正是陶老师提倡的"以书为伴，以读为乐"。

身为一名普通英语教师的我，要关注自身的专业成长和生命成长，这和读书带来的自我提升密不可分。也正因为我是一名初入职场的青年教师，还无法做到遇事宠辱不惊、对万事万物宽容大度，所以除了读书以外，工作过程中的班级管理、教学任务和师生关系也能够为我带来做老师的幸福感。

课堂是每一位人民教师工作中最重要的舞台，一个充满活力与期待的舞台，自然能够让我享受幸福。拥有一个愉悦并成功的课堂，离不开学生的学习兴趣。兴趣是最好的老师，它能唤起学生的好奇心和求知欲，学生只有对学习产生浓厚兴趣，才会有积极的发展。我始终相信"love what you do，get what you love"。对于七年级的学生来说，英语不再是停留于口头上的"Good morning！How are you？""I'm fine，thank you"，其更多地转为句子、语法等小学接触较少的知识。七年级也是打英语基础的重要时期，我利用学生热情好奇的特点，以日常口语和生活趣事作为切入点，让学生更容易接受，吸引同学们的兴趣，从熟悉的内容过渡到新知识的学习。以导入环节激发学生兴趣为例，在进行七年级上册人教版Unit 7 "How much are these socks？"导入教学时，我选择先采用学生熟悉的"打地鼠"游戏复习上节课所学的新单词。学生听到玩游戏就十分兴奋，为了保持这种积极的状态，紧接着我播放了一个短视频 "Clothes"，要求学生尽可能多地写下视频中关于衣服的词汇。我从视频中挑选部分难度词对照所学词汇进行拓展，采用联想法让学生掌握更多英语词汇。教师要培养和保持学生的学习兴趣，就要把握良机，渲染课堂气氛。

无论是一节成功的英语课，还是读完一篇受启发的文章，很多小事都能提升教师的幸福感，愿每位青年教师都能在工作中收获满满的幸福感，做一名幸福的人民教师。

《致青年教师》读书心得

卢月萍

暑假，我阅读了吴非老师的《致青年教师》一书，全书共分为六辑："做个有胸襟的教师""不要急""心里装着学生的心""尊重常识""不放弃理想""播下善良的种子"。吴非老师用朴实的语言记录了85个生动的教育案例，把教育理论与教育实际结合起来，让我在阅读中有所思考、有所领悟。

教师要"为师有道"，这主要体现在第一辑中，这一辑的案例始终渗透着"教育是一个生命对另一个生命的影响"的理念，所以，为师者，首先自己必须是情感正常的人，是有胸襟、有气度，爱阅读、懂欣赏的人，是心中有阳光的人。

"不要在学生面前掩饰自己的情感，不要担心在学生面前流泪，如果这一切有利于他们人性的苏醒。倘若你竭力掩饰，有可能会被学生误认作是冷漠，也有可能会让敏感的学生也去学习克制和忍耐。"这是吴非老师在《就让你的眼泪流出来》一文中提出的。文中以班会课上教师因学生的冷漠而痛心落泪为例，指出教师应当将"爱""悲伤"与"失望"等真实的情感袒露在学生面前，以感染学生成为情感健全的人。我没有过班主任经验，但我有过在学生面前落泪的经历。在上个月的学生毕业典礼上，学生与家长们在课室举办大食会，十分热闹，我站在窗口，看见那个高个子男生低着头从后门匆忙走出来，悄悄擦去了眼泪。这个男孩是我成为教师后记住的第一个男孩，三年前踏进初中的第一天，无论是搬书、抬餐还是送餐，他总是第一个举起手主动承担，我真的太喜欢他了，听说毕业之后他就要到1700多千米外的老家当兵了……教育不仅仅是教师对学生的影响，这种影响应该是相互的，这一次是这个一直坚强乐观的男孩的真实情感感染并影响了我。作为教师，我为什么要在这些一五六岁的单纯的孩子面前极力掩饰自己的情感呢？教师首先是有血有肉的人，然后才是教师。

教师要"为教有法"。该书在第二辑、第三辑及第四辑中，用51个案例分享了作者在教育教学中的方法：教学中要有创新意识，要注重培养学生独立思考、独立学习的好习惯，尊重学生，成为一个让学生信任的人以及"慢"教育等方法。

"教育是'慢'的事业，它的特征最像农业和林业，不能依赖'硬件设备'，不能强调资金投入，不能指望加班加点，不能靠使用生长激素。植物有自己的生长规律，有自身的生长周期。"学生的学习也是如此。我们能看到，在五一、国庆节等节假日的时候，这科发四五套卷子，那科也"不甘示弱"地布置一二十页练习，节假日原本应该是让学生稍做休息的日子，但学生不仅有更繁重的作业负担，还有一个个课后补习。那些对学习早已失去热情的学生，无论作业多少，依旧不写，玩够一个假期，返校后昏昏欲睡；而认真的孩子，经过一个假期，即使经受住了各种课业负担的"磨砺"，也是一脸疲态。除此之外，下课铃响起，教师仍在讲台上饱含激情地讲着，直到下一节课的预备铃响起……在这个过程中，学生学得更多、学得更好了吗？我很庆幸，三年来我遇到的导师都是"以生为本"的，我从师傅李庆玲老师、肖晶老师及曾文玲老师身上学到，布置作业时，教师事先做题、挑题，既能减轻学生负担，也更有效；关注学生的课堂生成，提高课堂效率，才是提高成绩的正确途径。

教师要"立身有术"。该书第五辑与第六辑介绍了教师立身之术：教师不仅要自觉进德修业，还要心怀理想、有人文素养、有自己的生命追求、有仁爱之心，并且在教育教学岗位上要居安思危，不断提升自身素养。

教师的人文素养比业务更重要，教师在和学生的接触中，必然会把自身的价值观传达给学生。回想过去，面对班里那些怎么教都教不会的学生，还有题目做了好几遍依然错一片的情况，我也会崩溃、会抱怨，会有那么一段时间失去耐心。我的负面情绪终究会平静下来，但我的失去耐心可能会让学生在数学学习中进一步自我怀疑、失去信心，而这种负面影响短时间内是难以消除的。教育所要教给学生的是人的思维和行动习惯，教师的工作态度和发自内心的话语就像把一粒种子播进学生的心田，而我该做的不应该是抱怨工作中的不如意，而是对学生常怀仁爱之心。

　　什么是教育？我说不上来，但我认为教育早已不只是"传道、授业、解惑"而已，在往后的教学实践中，我还需要不断地学习、思考，完善我心中对教育的理解。

优秀论文

依托信息技术的区域地理教学情境创设探究

——以人教版初中地理七年级下册"东南亚"为例

（珠海市2018年度教育教学优秀论文一等奖）

陈跃璇

一、研究源起与情境认知理论释义

《义务教育地理课程标准（2011年版）》中提出"学习对生活有用的地理""学习对终身发展有用的地理""构建开放的地理课程"的基本理念。在实践新课标的浪潮中，许多地理教学法应运而生，百花齐放。笔者认为，作为义务教育地理学科主要内容的区域地理部分的内容，可以依托高速发展的信息技术，基于情境认知理论，构建真实开放的学习情境，让学生真正学习到对生活有用、对终身发展有用的地理知识。

情境认知理论诞生于20世纪80年代，它是基于苏联心理学家维果茨基的心理学理论和其他人类学、社会学及认知科学理论而提出来的。维果茨基认为独立的学习存在着弊端，在认知过程的构成中，社会互动和文化境脉是必不可少的。相应地，学习不是独立存在的，我们必须把学习解释为"与中介工具和活动模式的社会文化演进一致的理解的协作建构过程"。情境教学意味着教师应使学生的学习发生在与现实生活相仿的情境中，将学生能解决现实生活中遇到的问题作为目标。

课程改革也强调"加强课程内容与学生生活以及现代社会和科技发展

的联系，关注学生的学习兴趣和经验，精选终身学习必备的基础知识和技能"。课程改革的关键在于课堂，如何实现高效课堂，对于培养学生学科核心素养有着重要的探讨价值。将情境认知理论运用于地理教学中，能有效提高学生学习地理的兴趣，激发学生的学习自主性，改善初中学生弱视地理学科的问题。因此，本文依托信息技术，通过课例探究情境认知理论在初中区域地理教学的应用。

二、基于信息技术的区域地理教学情境创设案例示范

本文以人教版地理七年级下册"东南亚"为例，通过具体的教学环节来呈现区域地理教学中利用信息技术创设教学情境的案例示范。

1. 教学过程设计（见下表）

"东南亚之旅"教学设计

教学过程	教师活动	学生活动	设计意图
情境创设	【情境创设】各位旅客，今天我们将要乘坐"中国北山航空"BS133次航班前往东南亚 【学习目标】翻开机票，快速浏览本次旅行的目标 播放机长视频，介绍本次航班	代入情境，了解本堂课的课堂规则 浏览学案，了解本节课的学习目标 观看视频	创设情境，激发学生学习兴趣与课堂参与性 机票做学案，增加情境性 依托视频，提高学生情境体验感
温旧知	【地理位置】刚刚机长向我们介绍到本次航班航程大约是多少？这说明了什么 转动白板地球到达东南亚位置时，旅客（学生）喊停	知道东南亚与中国山水相连，距离近的特点 回顾东南亚地理位置	通过希沃"星球"功能，仿照机舱屏幕，代入情境，提高学生区域定位能力
行李：气候	【气候条件】请旅客收拾行李，并说说理由 判别热带雨林、季风气候及其分布。随机抽取学生的屏幕进行点评	1.选择行李并说明原因 2.读气候类型分布图，找到东南亚主要气候类型 3.平板上匹配气温—降水图与对应的气候类型	依托希沃白板互动功能，以收拾行李为导入，培养学生在生活中的地理思维 Forclass实现课堂实时互动，掌握学情

教学过程	教师活动	学生活动	设计意图
吃：农业	【农业特点】播放美食短片（配乐《咖喱咖喱》）【小组探究】根据水稻的习性，推断东南亚水稻和植业为何如此兴盛	小组合作推断出东南亚地区种植水稻的原因	根据教学制作视频，通过视听觉体验提高学生的认知，小组合作深化课程主题，树立"人—地"思想，培养学生的合作精神，锻炼学生的地理思考与表达能力
购：热带经济作物的分布	乘务员进行纪念品的选购指导	学会读图例，知道哪些是热带作物　找到橡胶、油棕、蕉麻、椰子等的最大或最重要的生产国	依托Forclass课堂活动功能，掌握学情角色扮演，情境深化
住：气候对生活的影响	【小组探究】展示酒店照片及两个思考问题：①以何种建材为主？②为何一层架空、二层才住人	观察高脚屋的特征，分析东南亚传统建筑的形成原因	通过分析当地传统建筑，归纳气候对生活的影响
游：旅游资源及发展优势	【旅游资源】播放东南亚朋友录制的视频　【旅游优势】东南亚是我国公民喜欢出游的境外地区之一，这里有什么优势　【安全教育】海外救助热线科普	观看视频，记录景观关键词　总结出东南亚的自然、人文旅游资源　分析东南亚旅游优势	依托技术，创设情境，提高学生学习兴趣，培养学生获取信息的能力　科普海外救助知识，对学生进行安全教育
课堂总结：地图创制	【分层制图】布置绘制地图任务　【课程总结】点评学生的展示，总结东南亚之旅所学习的内容	小组选择一个主题（位置、气候、农业、旅游业）进行制图或者绘图　学生分享课程收获	通过分层教学培养学生绘制地图的能力　学生分享"旅行"收获，让学生感受到生活中的地理，完整情境

2. 学案设计

（略）

3. 重点环节分析

本课以旅游作为串联课程的主线。区域地理对初中学生而言，许多内容所涉及的地区都是他们不曾眼见，甚至不曾耳闻的地方，如何让学生更好地认识一个地区？最好的方式便是让他们以游客的视角，沉浸式地去体验、去

第三篇　博观薄发：教学研究

感受。相反，若强行让学生去学习某个陌生地方的自然人文，很多时候学生会有"山高水远，与我无关"的心态，便容易造成学生学习兴趣低下，进而难以掌握知识点。"东南亚之旅"一课的设计，打破了课本内容的结构，重整教材，让"旅游"这一条课程主线完整顺畅，既达成课标要求，亦让学生感受到完整而真实的旅游体验。为了更好地使所创设的情境平衡真实性与虚拟性、兼顾预设性与生成性、协同个体性与社会性、融合科学性与人文性，教学设计者需要对课程细节进行推敲与把控。

（一）平衡真实性与虚拟性

情境教学在各个学科领域的研究与运用非常丰富，但是由于学校环境的限制，学生的大部分学习主要还是在教室内，许多教师所设置的情境对于学生而言，再"真"也"假"，再"真实"也会让学生有"跳戏"之感。为了降低情境的虚拟性，本课充分重视校内外课程资源的开发利用，依托信息技术，给予学生真实的体验。

1. 机票学案巧设计

本课学案采用三折页DEMO的设计方式，首页便是一张机票，学生凭票上飞机（上课），这种方式让学生感到新奇，上课前便跃跃欲试，充分激发了学生的学习动机。这张机票的内页分为两部分内容：第一部分是"行前须知"，作为学生的课前预习内容，让学生知晓并掌握提前了解目的地信息的能力，学习对终身发展有用的地理。第二部分是学生用于回顾总结旅行的思维地图，帮助学生掌握用图来归纳认识区域地理的能力。整张学案便已让学生体验到传统地理课堂感受不到的"真实感"，这是创设本课情境的第一步。

2. 真实机长来介绍

一个小小的视频便能让课堂活跃起来。新课标对课程基本理念的阐释中，有一条提到了要构建开放的地理课程，应当充分重视校内外课程资源的开发利用，拓宽学习空间。本课中，教师充分利用校外资源，为学生找了一名飞行员，在飞机上录制了一段机长介绍，介绍了珠海到东南亚的飞行时间，真实地还原了乘坐飞机的情境，让学生了解东南亚的位置，也是本次"东南亚之旅"课堂情境的巧妙导入。

3. 真实物产进课堂

许多地理教师都有外出旅行的爱好，而教材中所出现的区域其实可以是我们外出旅行目的地的首选，不仅能让我们更加深入地了解所教授的区域，也能在旅行中发掘有效的教学用具。本课中，教师充分利用了在东南亚旅行时购置的特产，通过一个机上纪念品选购指南介绍的方式，让学生通过视、味、嗅、听、触五感真实地了解东南亚的农业特点，将课程的重点印刻在学生的记忆中。

4. 国际友人传视频

地理课堂就要开阔学生的眼界，让学生有世界性的眼光，让他们知道世界在就身边，"地球村"不仅仅是个概念，而且是真实的生活。本课在介绍东南亚旅游资源的部分，播放了5个由外国友人在东南亚当地录制的视频。这些国际友人有的是教师在旅行中认识的朋友，他们有的是司机，有的是旅馆的员工……视频的获得技术上并不难，难在地理教师在外出时、在生活中是否有一颗牵挂学生的心。有的学生或许一辈子都不会走出国门，认识外国友人，但是作为地理教师，应当有意识地让学生在课堂中走出国门。

（二）兼顾预设性与生成性

课堂的情境是为了完成教学目标而预设的教学手段，但是情境的预设只能是课堂的框架。认知是一个主动建构的过程，学生在情境中不能只是一个旁观者，而应当在情境中建构自我的身份，生成学习的知识与内容。本课以交互式课堂为设计的理念，学生学习的主体性得到了充分的保证，让这趟"东南亚之旅"更像一场自由行，而非教师自导自演的"跟团游"。让学生在旅游的情境中认同"游客"的身份，主动探究了解，让学生决定任务的分解，教师在课堂上根据学生的反馈适时调整情境，实现课堂的生成性，使课堂充满生命力。

（三）协同个体性与社会性

认知过程是知识的内化过程，这便体现了学习的个体性。而情境的创设是让学习者在特定的情境下主动建构知识的意义的过程。这就意味着课堂情境的创设具有个体性。但情境认知理论把学习看成一个社会文化现象，而不是单独地从非情境化的知识主体中获得一般信息。也就是说，学习是学习者在社会文化生活中所进行的社会活动，这意味着学习也是具有社会性的。课堂情境的创设便要为学生创设可以进行互动、实践的机会，本课的设计中有若干小组互动的环节，让学生在交流中学习认知技巧，在协商中理解区域差异。

（四）融合科学性与人文性

地理本就是一门融合科学与人文的学科，而地理课堂的情境更应有所反映。过去传统的课堂重视科学性，教师在讲授时注重对知识的讲解，而忽视与学生的互动，忽视了情感与价值观的培养。在课堂情境中，让学生了解东南亚的自然地理概况，这是科学。让学生思考东南亚种植水稻的原因，这是对因地制宜价值观的培养，也是人文与科学的融合。课堂上不仅教授知识，也注重对生活常识的提示，如本课所提到的中国公民海外紧急求助热线，这是对爱国情感的培养，也是一种人文关怀。

三、信息技术支撑下区域地理情境教学的运用思考

（一）建立区域地理相关情境的资源库

教师在进行情境创设时，最怕捉襟见肘，没有任何相关资源的储备。而资源的储备则需要教师在日常生活中注重积累。现在是互联网高速发展的时代，网络信息纷繁多样，在我们浏览网页、公众号推送、软件推文时，最容易实现的便是有意识地储备相关的图片、视频、新闻、故事等作为一种资源。我们也可以充分利用假期外出旅行，在旅行中通过摄影、录像甚至是购置特产等方式充实素材的资料库。

（二）教学先行，情境辅助

创设课堂情境的目的在于服务教学，达成课标要求。有时候，我们为了上一节别开生面的公开课，往往会绞尽脑汁地思考如何去创设一个新奇有趣的情境，把大半的精力都投放于此，然而，很多时候却本末倒置，课堂喧闹而不见成效。这个问题新教师尤其需要注意。因此，在创设课堂情境前，应厘清课堂内在的教学目标，因教学而创设，切忌因创设而创设。

参考文献

[1] 巩子坤，李森. 论情境认知理论视野下的课堂情境 [J]. 课程·教材·教法，2005（8）：26-29，53.

[2] 王旭红. 情境认知理论及其在教学中的应用 [J]. 当代教育论坛（学科教育研究），2008（10）：9-11.

［3］姚晓慧.基于情境认知理论的意义学习的教学设计［D］.长春：东北师范大学，2005.

［4］裴娜娜.教学情境的真实性对促进中学生地理核心素养的养成研究［D］.石家庄：河北师范大学，2018.

［5］王昊.地理情境教学下活动教学的运用——以湘教版高中地理教材为例［J］.成功（教育），2012（8）：150–151.

课程标准背景下中考命题情境化方向的思考

珠海市2020年度教育教学优秀论文二等奖

龙阳胜

一、2020年广东中考语文命题的背景及变化

2020年的广东中考语文对于教学而言无疑具有重要的导向意义。一方面，这是部编教材全面投入使用后的首届中考。另一方面，这是首次以课程标准为依据命题的中考。2019年11月，教育部发布了《教育部关于加强初中学业水平考试命题工作的意见》（以下简称《意见》），明确要求："取消初中学业水平考试大纲，严格依据义务教育课程标准科学命题"，并对命题的思想导向、命题质量等给出了具体指导意见。省教育考试院不再颁布考试大纲，将以目前实施的《义务教育语文课程标准（2011年版）》作为命题的依据。初中学业水平考试作为教学质量评价的主要手段，考题的命制会对教育教学具有重要的导向作用。因此，从命题意见和新教材使用的双重视角下来研究2020年广东语文中考试题，在探索教师教学方式转变、提高育人水平方面具有重要的价值。

2020年广东中考语文试题稳中有变。"稳"表现在价值导向上继续落实立德树人根本任务，加强了文化与价值渗透，也凸显了对语文学科核心素养的考查。在板块内容、考点设置、题目数量、各题分值等方面没有大的变

第三篇　博观薄发：教学研究

化。"变"则表现在课内外文言文阅读、文学类文本阅读、作文等题目出现了变化。当然，其中一些题目虽然换了考查的形式，但其设问方式及考查的内容并没有本质的变化，如课内外文言文考查的依旧是学生阅读浅易文言文、积累运用文言知识的能力。还有一些题目考查的内容虽然没有变，但在设计上却呈现了新转向：命题设计上突出了情境化的特点。而这恰恰是落实课标精神，对命题指导意见的重要实践，也是对部编语文教材的回应。这种命题情境化的方向值得我们关注。

情境化命题即利用与学生日常生活密切相关的现象、问题、实践体验等创设情境，考查学生利用语文知识解决生活中实际问题的能力。新课标指出："语文是实践性的课程，应着重培养学生的语文实践能力，而培养这种能力的主要途径也应是语文实践。"只要是实践，就会涉及具体的情境。《意见》明确提出，要"充分考虑城乡学生学习和生活实际，增强情境创设的真实性、典型性和适切性，提高试题情境设计水平"。由此看来，命题情境化是顺应语文学科特点，是势在必行的。

二、广东省中考命题情境化的分析

本次省考卷中涉及情境化设计的主要来自文学类文本阅读以及作文。先来看文学类文本阅读《与母亲相守50天》中的情境化命题。

17.（2）结合上下文，在横线上补充母亲说话时的神态或语气，并说明理由。（2分）

母亲＿＿＿＿＿＿地说："这下可好，你就不得不多陪妈一阵子了，走不脱了！"

18. 某文学刊物《腾飞》设有"人间亲情""山水游踪""人生感悟""古今论坛"等栏目。你会向哪个栏目推荐本文？请分别从选材和主题的角度说明理由。（5分）

第17题第（2）问要求学生根据对文章内容的理解，站在"假如你是莉君母亲"这一角度上把握人物形象，补写出文章中母亲说话时的神态或语气。学生回答这一道题必须返回文本，深入母女相处这一具体的生活情境，然后调动个人情感经验，对母亲此时的神态和语气做出符合人物性格特点与生活逻辑的想象，并选用符合情境的词语表达出来。题目中要求的"说明理由"

即体现了对学生个人经验调动的要求，而这种情感经验的调动只能来自学生的日常生活及感悟。选文中亲子相处的情境贴近学生的生活，既考查了学生语言积累与运用的能力，又考查了学生欣赏文学作品、感受人物形象的能力。

第18题考查学生对作品内容和主题的理解。本题创设了一个向文学刊物推荐稿件的任务情境。要完成此题，学生先要根据文学刊物四个栏目名思考其对应的用稿要求，然后勾连作品内容、主题与栏目名的关系，思考将作品放进哪一个栏目最适切，最后从选材和主题角度做出合理的解释说明。本题将阅读引向生活，让学生基于情境进行审慎的思考，综合考查了学生的阅读能力。同时在题干的提示语言上，本小题区别于整套卷中的其他题目，出现了交际语境中才会出现的"你"（你会向哪个栏目推荐本文），强化了情境氛围的营造，也更利于激起学生完成阅读任务的兴趣。

当然，考试中创设的情境与生活中的真实情境存在一定的距离，它是一种基于真实的虚拟真实。"设置具有真实感的文本阅读情境，无疑有助于考查学生在生活中的真实阅读能力，有助于实现文本阅读目的和功能。"

本次省考卷中的作文题打破了以往的命题格局，以接轨中考的任务驱动式作文为形式，考查了应用文书信的写作。以下是作文题。

自律，就是自我约束。自律的人，可以享受更多的乐趣，拥有更大的自由，得到意外的收获：理性网游，生活会更充实多彩；节制饮食，身体会更轻盈敏捷；管控情绪，内心会更从容平和……

请以"给××的一封信"为题目，以"自律的乐趣"为内容，给老师、亲友、同学……写一封信，可以讲述自己的经历，也可以阐述观点、畅谈感悟。

要求：（1）明确收信人××，将题目"给××的一封信"补充完整；

（2）统一以"小华"为写信人，不得泄露考生个人及学校的相关信息；

（3）不少于500字。

本次作文题目一出，引起不小的反响，出乎不少师生的意料。作文题目中涉及的书信写作在初中阶段鲜有训练。但在课标写作板块的阐述中提及，除了写记叙性文章、说明性文章、议论性文章外，还要"根据生活需要，写常见应用文"。"根据生活需要"即明确了本阶段的应用文写作应该与学生的生活密切联系，训练的是基于真实生活情境的应用文写作。本次省考，作

第三篇　博观薄发：教学研究

文题正体现了课程标准有关写作教学目标的要求。应用文的写作一定是发生在某种生活情境中的，它考查的是综合运用语文知识解决生活实际问题的能力。本道作文题创设的情境是给老师、亲友、同学或者是其他人写一封信。选择的对象不同，交际的语境也不一样。任务中关于"自律"的话题对于初中学生而言，既有面向当下生活的开放性，又有反观自我的内趋性。在"自律"的话题中强调"乐趣"二字，也是对学生的正向引导，有利于落实立德树人的教育任务。

虽然在近10年的中考中，广东卷未出现过书信等应用文的写作，但近年来，江浙地区很多市都命制了不少情境化的应用文写作题，如2020年浙江杭州的中考作文题是让学生给负责社团工作的老师写一封信，申请加入社团或是创办新社团。2018年嘉兴市、舟山市中考试题让学生以"知心朋友"的口吻给内向自卑的小华写一封信，劝导他振作起来；或者是写一篇演讲稿，引导学生正确对待这类心理问题，鼓励同学们勤问好学。这类积极创设真实写作情境的作文题，让学生有情可依、有话可说，为学生提供了充分的写作空间，体现了语文的实用性，成为命题的必然趋势。

三、命题情境化对初中语文教学的启示

（一）改变教与学的模式，创设真实情境

中考命题情境化趋势对教学模式的导向就是要"积极探索基于情境、问题导向、深度思维、高度参与的教育教学模式"。而在参与2020年中考阅卷的过程中，笔者发现了学生暴露出来的问题，越发感受到了转变教与学模式的必要性。

根据阅卷感受及其他题组的阅卷总结，笔者发现了学生失分的一些共性原因：①答题套路化、模式化；②审题不清，漏答错答；③答案组织逻辑混乱，语病多。例如，上文提到的第17题第（2）问，学生没有深入情境，机械地将一些代表母亲形象典型（或者说是刻板印象）的词，如"温和""无奈""慈祥""亲切""欣慰"填在其中。第12题的实用类文本以填空的形式考查说明的逻辑顺序，但得分偏低，有不少学生竟写"开端、发展、结局""总—分—总"的套路式答案。除了笔者批阅的第5题压缩语段和补全对偶句，阅读部分和附加题的名著阅读也存在大量的审题不清问题。不少教师

在平时的检测中也注意到了这个问题，建议加强审题训练。

笔者以为，以上问题归根结底在于学生思维能力不足。无论是审题不清还是答案组织混乱、语痕多，都反映了学生在面对题干中提出的多个问题或者相对复杂的文本材料时不能以习得的思维能力对之展开有效的、有逻辑的处理。思维能力的发展和提升是在真实活动情境中分析问题、解决问题的过程中习得的。然而，在误堂教学尤其是基于应试的教学中，教师以考试真题为练习模板，用固定的答题套路对学生进行反复操练，以练代学，以教代学，这对发展学生的思维能力有百害而无一利。华东师范大学课程与教学研究所的杨向东教授在第15届上海国际课程论坛的报告中指出："单调的、整齐划一的操练只会培养个体在特定条件下按照既定程序做出套路式反应，练得越多越会达到自动化，可以形成无意识的习惯。但是蕴含在其中的理智成分很少，而且越是自动化，改变和迁移就变得越不可能。"因此，如何创设真实而灵动的情境，以学生为主体，让课堂成为学生学习活动真实发生的地方，是我们每一位教师要思考的问题。

（二）立足部编新教材，用好教材资源

取消考试大纲，以课标为命题依据，其目的在于矫正当前语文教学中"考什么学什么"的弊病，促使教学实现"学什么考什么"的转变。同样，由"考什么"反溯到"学什么"，由考试溯源到教材，我们能更清晰地勾勒出基于情境的学测评一体化路径。

部编教材主编温儒敏先生指出："教材中有些思考题注重情境化的学习，就比较多地吸收了国外先进的经验，有些习题的设置不是让学生记住某个标准答案，而是开放式地引导学生去提出问题，自己通过读书或者其他语文实践活动去解决问题。"请看以下来自部编教材中的一些思考题。

说真话需要勇气，有时还要付出代价。思考一下，如果你当时也在游行现场，你会怎样做？然后结合生活体验，讨论关于说真话的话题。

——七年级上册《皇帝的新装·积累拓展四》

通过学习课文，你明白杨利伟为什么被称为"航天英雄"了吧。假如杨利伟到你们学校和大家交流，你会向他提什么问题呢？

——七年级下册《太空一日·积累拓展四》

……在长辈面前，你也有过类似的表现吗？读完这篇文章，你对自己的

"聪明"和长辈的"迂"有什么新的体会？说出来与大家分享。

——八年级上册《背影·积累拓展五》

如果根据课文内容编演一个小品，由你做导演，你对警官奥楚蔑洛夫、巡警叶尔德林、首饰匠赫留金这三个人物的衣着、表情、语气、动作等，会进行怎样的设计？说说你的想法。

——九年级下册《变色龙·积累拓展四》

以上思考题的设计立足于具体情境，以学生的生活经验撬动文本的内核，引导学生进入文本深层进行思辨，从而达到培养学生语文素养的目的。在写作训练上，部编教材也有不少情境任务的作文题目设计。

你有勇气去访问你所在地区的一位名人，或者本校一位你不熟悉的教师吗？勇敢地尝试一次，你不仅会获得人际交往的经验，还可能收获满满的自信。记得提前做点准备，列出你的访问提纲。访问完成后，以"对_____的一次访问"为题，写一篇作文，跟同学分享你访问的经过和感受。

——七年级上册《思路要清晰·写作实践三》

班级计划编"班级读书档案"，邀请每名同学用缩写的方式介绍自己最喜欢的一本书。就此写一篇作文，题目自拟，不少于600字。

——九年级上册《学习缩写·写作实践三》

这些写作实践题目为学生构建了具体的写作情境，并辅以"写作提示"，引导学生关注该情境中要注意的问题，学生梳理写作思路，为学生的自主学习提供学习支架。这样的写作实践不仅训练了学生的语言运用能力，更发展了学生的思维能力。

在教学中，教师应该重视这些教学资源，并结合学情创造性地使用，培养学生的语文综合能力。

（三）重视综合性学习，发展学生的核心素养

课标积极提倡综合性学习，"综合性学习主要体现为语文知识的综合运用、听说读写能力的整体发展、语文课程与其他课程的沟通、书本学习与生活实践的紧密结合"。综合性学习活动是发展学生的核心素养的有效路径。然而，在实际教学中，由于课时不够、疲于应试等原因，语文的综合性学习得不到很好的开展。王荣生教授2010年曾率领团队在3省12所学校的165位语

文教师中进行问卷调查，结果显示，教师平均每学期用于综合性学习的时间仅有2.3课时。

部编教材在编写上的一大特色是把每次综合性学习整合成一个主题活动贯穿始终。此外，口语实践以交际专题的形式和活动探究单元的形式体现。这些内容形成一个综合实践系统，沟通了读写听说能力，由课内迁移到了课外。此外，教材还对活动的实施步骤进行了详细清晰的规划和提示，提供了学习支架，为教师指导学生开展综合性学习扫清了障碍。"语文学习的情境化、活动化与任务化，就隐含过程要求。在完整的活动过程、学习过程中，学习者才能获得丰富的体验，久之才能形成技能、素养。"因此在教学中，教师要转变理念，重视综合性学习和口语实践，积极开发教学资源，创设良好的情境，激发学生参与活动的兴趣和热情，给学生核心素养的提升开拓出更多的疆域。

当前，不少省市在中考中增设语文综合性学习试题，考查学生的语文知识运用能力。在2020年中考备考中，珠海市香洲区在赵克婴老师的指导下开展了系列综合性学习复习课，在香洲区空中课堂及珠海市线上教研活动中进行展示，收到了很好的效果，对语文的课堂教学也有许多有益的启示。

参考文献

［1］中华人民共和国教育部.义务教育语文课程标准（2011年版）［S］.北京：北京师范大学出版社，2017.

［2］章新其.语文命题技术研究［M］.杭州：浙江教育出版社，2019.

［3］舒晋瑜.总主编温儒敏谈"部编本"语文教材的新思路［N］.中华读书报，2017-09-20（007）.

［4］杨向东.关于核心素养的几个概念和命题的辨析［EB/OL］.https：//new.qq.com/omn/20191226/20191226A0FYNT00.html，2019-12-26/2020-08-23.

［5］王荣生.语文综合性学习教什么［M］.上海：华东师范大学出版社，2014.

［6］诸定国.在情境活动中形成任务：中考语文试题的探索——以近年南京中考语文卷为例［J］.语文学习，2020（4）：72-75.

第三篇　博观薄发：教学研究

中考备考总结

解码真题，探索对策

——2020年中考英语备考总结

洪雪娇

三年寒窗磨一剑，学校的第二届学子已顺利毕业。初三备考这一年，有苦有甜，凝聚着初三英语备课组6位教师全心全意的付出。现做一个总结与反思，希望自己能够借此有所成长，也希冀能够给予以后的初三英语备考一定的参考价值。

一、试题评析

2020年是英语题型改革的第一年，与2019年相比，2020年的第一重大变化就是考试时间减少了10分钟，由原来的100分钟答题时间缩减到了90分钟。考试题型也做了一部分调整，原本的15个小题共15分的语法单项选择变成10个小题共10分的语法选择，总共5分的信息归纳题改为10分的回答问题。试卷结构的改革，从难度上来说，比以往题型增大，所需作答时间反而更多，同时对于学生的阅读能力以及文章分析能力要求更高。在试题分值不变的情况下，时间的缩短和试卷结构变动的改革对学生来说具有一定的挑战性。

2020年的语法选择新题型，考查点相对比较基础，基本考查学生对一些基础的语法知识的掌握情况；回答问题则是采用了2020年的社会热点话题，主要考查如被动语态等语法以及对于一些难词（如influence影响）的掌握，考查学生对文章信息提取、细节理解及归纳成句的能力。

完形填空还是记叙文，立足于科学与技术的发展，加入了比较流行的元素"body engineering shop"；阅读理解贴近生活（如何提高team skills，团队技术），紧贴保护动物（保护大象）的热门话题；配对阅读考查匹配不同人的学习内容和兴趣；书面表达考查学生基于"表达关爱"的话题，向专栏投稿。2020年中考的书面表达主要倾向于向学生传递关爱的正能量。

全卷对于热点时事、热门话题的侧重有所提升，新题型的出现使全卷难度有所提高，尤其是提取文章内容后的"转译"能力。值得注意的是，往年的必考语法点定语从句，在2020年的试题中并没有直接考查，2021年的中考卷有较高的可能性会重点考查，学生务必引起注意。总体而言，中考英语考试对学生英语学习的综合能力要求呈现逐渐上升的趋势。

二、考试成绩分析

年级平均分78.5，优秀率34%，合格率58.3%。最高分119分，其中110分以上有93人，100～109分的有109人，50分以下的有172人，学生成绩两极分化大。

三、备考经验总结

（一）发挥集体备课优势

备课组老师的团结协作是备考中最重要的一点。备课组中合作融洽的环境使我们觉得备考工作井然有序。

（二）提高学生的词汇量，加深和巩固词汇的使用方法

整理高频词汇，以多种形式帮助学生掌握词汇。有效利用早读和课前朗读，语言的学习不仅仅包括书写，学生需要多说、多听、多读、多运用。尽可能提供语篇情境来训练词汇，课前安排多样的单词检测活动，检测学生的掌握情况并反馈听写和练习较多失误的地方。

（三）注重语法的实际运用

牢记语法基础知识，并且要注意具体语境中的语法体现，尤其是难度较大的从句和非谓语动词，要刻意训练在语境中的反应速度并注重对文章的理解。

（四）增强学生深度思维，贯穿于日常教学中

整理常见的有一定内在意义的文本，结合话题，引导学生有效思维。例如，中考的语篇以记叙文和夹叙夹议类的文本为主。在日常教学中，引导学生读文本的时候，不要只读懂文本的表面含义。对深层含义，可引导学生探讨，培养批判性思维能力。

（五）协助学生更关注社会热点，引发深层思考

整理和提供相关的社会热点素材，以多种形式帮助学生了解在训练中如何运用，注重对篇章的理解。文本阅读前导读、高级词汇和短语整理、复杂句式品鉴、选择题，回答问题、翻译相结合，提供同话题泛读材料进行延伸。

（六）加强学生考试技能培训

例如，合理分配答题时间，圈出关键词，标注答案出处，设置作业分层，培优补差，防止两极严重分化。

（七）提高评讲效率

收集学生的错题，整理学生的易错点、常错点，进行错题再练。

针对学生的话题薄弱点加强训练。我们需要改进的地方在于更加充分地利用课下时间，争分夺秒地做好落实工作，尽力缩小两极分化的差距。

总之，一分耕耘一分收获。这一年的中考备考工作离不开初三英语备课组全体教师的努力和付出，希望这一分析总结和反思能够对以后的中考备考工作有一点参考价值。

桃李春风：德育工作

4

引 言

三尺讲台育桃李　春风化雨暖人心

谭美婉

智为人才素质之基础，体为人才素质之条件，美为人才素质之重要内容，而德乃人才素质之灵魂。德育教育是中学生全面和谐发展的基础，德育工作是学校一切工作的生命线，是一切教学活动的源泉。在全面推进素质教育的今天，教书与育人同等重要，中学教师在承担教学任务的同时，也需要做好育人工作。班主任是育人工作的先行者，是学生精神成长、树立科学的世界观、人生观、价值观，形成良好的道德品质的重要引领者。青年班主任是学校未来德育工作的主体，做好学生的德育工作，对于他们来说，任重而道远。德育工作十分重要，同时又十分烦琐，这对初当班主任的青年教师来说难度更大。课题组从五个方面帮助青年班主任提高育人能力：班主任成长叙事，提高青年教师叙事能力，呵护教师教育情怀；主题班会设计，聚焦学生成长需要，提高班会备课能力；班级文化建设，懂得环境育人的重要性，学会营造学生成长成才的教育环境；班级情况分析，学会了解班情和分析学生存在的问题；家访记录，提升家校沟通的能力，提高教育效果。

在初中，班主任的工作内容、实时策略、目标都是相对一致的。但是怎样才能把类似的工作做得更好、更有效，就需要班主任的工作艺术和智慧了，总结起来就是要用心、用情、用爱让教育犹如冬日灿烂的阳光般给学生以无限的温暖。

用心，是班主任积极认真的工作态度。在班主任工作中，卓有成效者往往都有一个共同点——认真负责的态度和强烈的责任意识。将对教育的使命、对学生的责任、对工作的态度内化为一种认真负责的精神是班主任工作成功的前提。苏霍姆林斯基说过，"教育首先要深思熟虑小心翼翼地去触及年轻的心灵"。课题组的陈跃璇老师，第一次当班主任时就遇到一个棘手的问题，一名男生在新生入学报到的第一天就坚决拒绝进入班级，在同课题组一位老教师的指导下，陈老师没有强迫这个男生必须进班，而是允许他在办公室静坐，并且到班级向小学就认识他的学生了解情况，发现他在小学时就经常被很多男生欺凌，而初一新班级中也有欺凌过他的男生。陈老师也向他的母亲了解到，由于父母的关系紧张，该男生极度敏感自卑。于是，为了让这个男生顺利加入新集体并且避免继续受到欺凌，陈老师在班级进行了集体教育和多名学生的单独教育，同时通过谈话、鼓励、联合家长教育等做法，让该名男生鼓起勇气面对新的学习生活，自愿进入班级上课，在接下来的学习生活中，陈老师依然细心观察，用心呵护他，采取多种教育办法，通过长达数月的努力，终于帮助他重回阳光开朗的自我。

用情，是班主任的工作艺术。古人云，"感人心者，莫先乎于情"。"动之以情，晓之以理"，教育离不开情感。教师的情感越是能够触动学生的情感，教师对学生的教育就越是积极、越是深刻。有效的班主任工作是始终充溢着炙热情感的教育。因此，班主任要营造亲密和谐的师生关系，要有亲和力，要始终满怀热情，饱含深情地去关心关注每一个学生，从而激发他们的内在情感，深化情感教育。

用爱，是班主任不变的教育情怀。高尔基说过："谁爱孩子，孩子就爱他。只有爱孩子的人，他才可以教育孩子。"教育是爱的事业，回顾优秀班主任们的那些经典案例，无不渗透着教师对学生浓浓的爱，无不彰显着学生对教师"亲其师，信其道"的深沉的爱。有爱就有智慧，有爱就有成功。有爱的班主任才会用心、用情，爱心是班主任和教师的崇高境界与教育情怀。

因此，课题组鼓励青年教师用心、用情、用爱去书写属于自己的教育故事与诗篇，走好自己的班主任专业成长之路。

班主任成长叙事

把握教育时机

——"淘气包"小悦悦的成长

郭洋洋

　　一位非常优秀的前辈告诉过我，思想教育是一个动态的、复杂的、因人而异的过程，受多种因素的影响。单靠注入式说教，一般来讲，收效甚微。当时我还未正式走上工作岗位，因此对他说的话一知半解。经过一件事之后，我才真正懂得了什么叫"把握教育时机"。

　　小悦悦，是一个个子小小的、眼睛大大的、充满灵气的孩子。就是这个活泼机灵的小朋友，初一刚开学不久，就被同学们屡屡投诉。比如，随意拿别人的东西，对女生说脏话，招惹班里文静的女生。

　　每次我和他沟通这些事，甚至苦口婆心地教他为人处世的原则时，他都是口头上答应，事后仍然我行我素。没有从根本上认识到自己的错误。经过和家长的沟通，我了解到他在家基本也是这样，经常抢妹妹的玩具，妹妹一哭他就很开心，典型的小孩子心气和求关注的心理。

　　语言劝说、思想教育、家校沟通都不起作用，我对此很是苦恼。虽然不是很大的错误，但是对他的人际关系和班里的团结都非常不好。这时，我突然想到了前辈说的那些话，就是利用适当的教育时机，让他真正有所触动。

　　于是，我一边尽量多去关注他，一边耐心地等待时机。

　　这个契机很快就来了，一天课间，他私自动了女生A的本子，殊不知，那是人家的日记本，里面记录着非常隐私的内容。于是乎，两个人从口头争吵发展为肢体冲突。在冲突的过程中，他的胳膊被对方划伤了，血顺着胳膊流下来。当我匆忙地赶到教室时，二人已经被同学劝开了。那个女生边哭边骂，他则像斗败的公鸡一样垂头丧气地站在那里。

面对此情此景，我立刻意识到这是一个教育的大好时机。于是，我的头脑飞快地转动着，想着怎样才能充分利用好这个机会。

当时，正好"重庆公交车坠江"事件发生，于是，我决定将两件事放到一起讲，以引起他的重视。

两件事之间存在着相通点——都是非常小的事引发的悲剧。前者仅仅因为错过了公交站就辱骂司机，抢夺方向盘。小悦悦则是出于好玩心理，随意拿别人的东西，糟糕的是那个女生并不是"软柿子"，并不像之前招惹的那些文静女生。两件事的结果呢？前者导致整车15人丧命，后者导致自己受伤，而且如果没有及时制止，后果可能更严重。

在分析的过程中，他一脸震惊地看着我，好像在说"这么严重"？

经过这次谈话，他成熟了一些，行为习惯也好了很多。后期，我又不断地跟踪教育，及时表扬他做得好的事，尽可能多地关注他。现在他已和同学们相处得比较融洽。

通过小悦悦行为习惯的改变，我真正地理解了"教育时机"四个字所代表的真正含义。在后面的思想教育中，我不再是一味地说教，而是结合学生的特点和心理需求，抓住教育时机，因势利导，和学生产生情感共鸣，尽可能地让他们有所触动、有所改变。

最后，我引用德国存在主义哲学家雅斯贝尔斯的一句话来结束本文："教育就是一棵树摇动另一棵树，一朵云推动另一朵云，一个灵魂唤醒另一个灵魂。"

建一间心灵的小屋

马慧芳

"安得广厦千万间，大庇天下寒士俱欢颜，风雨不动安如山！"杜甫一生潦倒，最终病逝于几间破败的茅屋里。可是千百年来，无数失意的文人和落魄的游子在杜甫为他们建造的这座大厦里找到了心灵的安慰，躲过了人生的风风雨雨，而后收拾心情重新出发，重新找到人生的方向。杜甫不是老师，他没有传道、授业、解惑，却无意中成为许多人精神上的导师，引领着众人向前去。我常想，老师对于学生，到底应该是一个什么样的角色？看到吴非先生说他不想做园丁去修剪学生，深以为然。继而联想到杜甫那句话，可惜我并不如老杜那般富有能量，能够为所有的学生搭建一座大厦，但我想我还是可以做一个泥瓦匠，帮助每个孩子在心里搭建一座属于自己的小屋，让他们在里面躲避外界的风雨。

"老师，你能帮我找找我儿子吗？他离家出走了！"一个从未联系过我的母亲焦虑地说道。我心里一惊，这名学生平日里在学校表现得非常听话，怎会离家出走呢？后来，在我的询问中，这位母亲带着怒气说："他太过分了，一直待在房间里不出来，叫他也不应，我就把他房间的网线剪掉了，可他还是不出来，于是我拆掉了他的门！到了晚上，他就离家出走了！"到了这里，我已经明白这个孩子为何选择出去静静，但是这位母亲丝毫没有要结束的意思，在接下来的谈话中，她一直在控诉自己的孩子，可怕的是在她的叙述中我竟然没有感觉到一位母亲对于孩子出走的害怕，反而是怨恨与不满。当我引导她让她说说孩子的优点时，她竟然沉默了，她说不出来！她不认为自己的孩子是一个优秀的孩子，相反，她认为他一无是处。我有些震惊，因为这个孩子在学校表现得相当踏实上进，同时也有些恍然大悟，明白了他在家里为何待不住。

当他在家里感受到的全都是指责时，他选择躲进自己的小房间里，可是愤怒的母亲却拆掉了那扇门，试图进入，最终导致孩子出走。一个母亲不仅没有帮助孩子建立起一座心灵的小屋，让他可以在里面有安全感，反而强拆了属于他自己的空间，让他裸露在他认为的不安全的世界中。

后来我找到那个学生和他谈，他一开始只是沉默，只是哭。我慢慢引导他，让他重新审视自己和母亲的行为，我试图让两人找到彼此信任的点，但是这个孩子却反复强调，他对母亲已经失去了信任，在她拆掉那扇门的时候，信任就碎掉了。

我难过极了，不仅为一段亲情的隔膜，更为一个孩子自信心、安全感的丢失。但我转念一想，或许他丢失的东西，我们作为教育者，应该给他重新找回来。像一个泥瓦匠，去和他一起修补那座已经岌岌可危的小屋。教会他一个知识点是给他递一块砖，一片瓦，一句鼓励的话是爬上高处的脚手架，一句表扬的话是加固砖墙的黏合剂，一个价值观的传输是衡量房屋是否倾斜的尺子……

正如特级教师吴非先生所说，教育是个"慢活"，急不得。修建这座小屋也是一样，我们要和孩子一起耐得住寂寞，更不要着急在修建好前就闯进去指指点点。我想，等这座属于学生自己的小屋搭建好后，他会毫不吝啬地请我这个帮忙的泥瓦匠进去坐坐，而不是将我拒之门外。而他有了这座小屋，将会有信心踏出坚实的每一步，去迎接未知和挑战，去乘风破浪，去披荆斩棘，去直挂云帆济沧海。

最好的礼物

林泽珊

又是一年圣诞节，对于不过洋节的我来说，这原本只是一个普通的星期三，直到我接到一个快递员的电话。

"您好！您有一个香港来的快件，麻烦出来签收一下。"

"可以先放保安室吗？"

"呃，这个您还是现在下来取了吧。"

于是我边走边纳闷，最近好像没买什么东西，难道信息又泄露了，上次不知道哪个商家寄来一件班服样板，这次又寄什么了？又是什么一定要现在取呢？从快递员手上接过信封之前，我还以为是哪个银行寄的信用卡。直到看清信封上的字，熟悉而又陌生的字迹，我的心里忽然淌过一股暖流……是上学期转去香港读书的学生寄来的一张精致的自制卡片。

打开卡片，看着照片里神采奕奕的小伙子，不禁想起与他斗智斗勇的日子。这个小伙子叫小赵，成绩一般却很机灵，调皮捣蛋的鬼点子最多，每次做错事情老师不与他辩论清楚就是不肯接受的，算是班里不好对付的"熊孩子"。转学前的这个寒假结束，他从家里顶着一头黄而卷的头发来到学校，经过学生处三番几次提醒，他都一口咬定这头发是天生黄和卷的，最终只肯把头发剪短些就了结了。但因此事，小赵心里有了老师针对他的想法。后来，小赵无意中得知自己上完这个学期的课就要转学去香港了，于是开始我行我素，用行动表达对老师的约束和管教的不满，任性妄为。上学不带水瓶，口渴了就抢同学的水喝；课间操时间不配合，不肯认真做操；欺负他不喜欢的同学，不断钻牛角尖找那人的碴儿，班主任不给予让他满意的惩罚就觉得不公平……对于这些行为，我是又气又急，奈何他最恨的就是我这个"爱管闲事"的班主任，明着和我对着干，上数学课就睡觉或看小说，我在的时候就故意犯事，不停地挑战我的底线。我一次次地尝试与他通过谈话疏导，了解他对我的"恨意"到底何来，可是完全行不通，常常说上个半小时他都不看你一眼，也不回你一句话。于是我只能一次次地对他的行为进行批判，表达我不认同的态度。有老师劝我："反正他都要转学了，已经破罐子破摔了，你就别跟他计较了。"就连他母亲都这么劝我，说孩子跟她保证转学后会学好的，叫我别生气，让他过完这个学期就行了。可我仍过不了自己那关，我无法看着自己的学生做错了却毫无改变，我无法接受他因为转学就这样放纵自己，这样即便将来换了环境也可能覆水难收。于是，在保证不影响其他同学的情况下，我仍执着地去纠正他的行为习惯。后来担心他到了新学校带着对我的抵触心理故意不学数学，我在为他准备的送别礼物里附上了一封长长的"劝学信"。然而，即便如此，直到最后也没有等到我希望看到的变化。散学典礼那天放学，他仍没亲口和我说一声"再见"，只是离开学校后才在QQ上留了言。这使我困惑了许久，我最后的坚持是否有意义呢？

小赵在信中说："多么希望可以回到那时，我一定好好听您的话。"我想，这一份惊喜的圣诞礼物就是最好的答案了吧！他还说："还记得您在信中写的那句话吗？'你一直有这个能力，只是缺乏动力和契机。'我一开始毫不相信，可现在明白了。"到了新学校，小赵在数学入学考试中考了第一名，这给了他很大的动力，激励着他成为新班级里的学霸。如今，我已想不起自己在信中写了什么，但我很确定的是，自己的付出和坚持在此刻得到了认可。

教育是一个缓慢的过程，很多时候我们用心良苦却不能马上换来期望的变化，这也常常让班主任们觉得吃力不讨好。但是，经过这件事，我更加相信"教育的力量根植于爱"这句话。只要付出真心与行动，学生终有一天会感受到老师对他的爱，我们终有一天会被理解。因此，我们要做的就是，不论遇到什么样的学生、什么样的境况，都不能忘记教书育人的初心，真正做到问心无愧。而在被理解的那一刻，我们会尝到一抹甜，这大概也是教师职业的魅力所在吧。

丢钱风波

温柔

我一大早来到学校，只见两个男生在走廊外嘀咕着，其中一个面带愁容。"老师，小鹏的钱被偷了，就在昨天，丢了100多元。"我一听，心里咯噔一下。终于，该来的还是来了。

上个月，班级已发生过一次丢钱事件，因为我第二天赶着出差，不想在班级造成不好的舆论，就借丢东西的理由，提醒学生不要乱动他人物品，并自觉主动归还。忙碌的事一件接着一件，这件事也不了了之。再次发生的丢钱风波给了我当头一棒，要不是之前处理不够及时，也不至于再次发生。事不宜迟，我赶紧了解了详细情况，依旧是毫无头绪，不能确定丢钱的具体时间点，没有嫌疑对象。该怎么解决？我陷入了沉思。反复丢钱，班级肯定已经人心惶惶，互相猜疑，加上初二正是学生树立良好的人生观、价值观的时候，万一处理不当，还会给当事人造成心理阴影。

思虑了很久，我在班会上对这件事做了通报，并为上次没及时处理向全班道歉。听说又丢了钱，大家都面面相觑。我让同学们在纸上回答：你对这件事怎么看？如何预防该类事件再次发生？问题回答后，不用署名，直接叠好放进我手中的文件袋。同时我重申：我相信我们班的孩子都是团结友爱、互帮互助的，如果真是哪个同学无意中拿了，老师和同学们都十分愿意给这位同学一个改正的机会，不追究任何责任，请他用自己的方式告诉我，或者默默把钱还回来即可。

很快，文件袋装满了每个人交上来的字条。回到办公室，我怀着忐忑的心翻开一张张字条，阅读孩子们写下的文字："我相信我们班的每个同学都是值得信任的，也许是别人做的。""这种行为要严惩，但也要照顾到他的自尊，私下解决就好。"我猛地觉得，这一张张字条似乎告诉我一个信息：

孩子们迫切想找回的，不仅仅是那丢失的100多元钱，更是同学间的团结和友谊。但翻看完所有字条，并没有新的线索，就在我担心找不到嫌疑人时，小A进来办公室，偷偷塞给我一张字条，老师，别人让我给你的。我打开一看，写信人承认自己拿了同学的钱，但钱已经花完了。字条上的字故意写得歪歪扭扭的，虽然刻意掩饰，但从字迹上，我依稀辨认出有点像是小A的字体。我再次找来小A，感谢她并询问她："知道写字条的人是谁吗？"这个文静腼腆的女孩点点头。我把自己的猜测告诉她并观察她的表情。她笑着说："不是我，老师，是小B。"这个答案有点意料之外，但又在情理之中，小B是大家的开心果，因为身体原因，每次大课间都单独留在班级或办公室，的确有"作案"的时间。我告诉小A要一起保守秘密，她答应了我。之后，我找来小B，正当我觉得事情可以圆满解决的时候，小B却情绪激动地否认了。我一惊，赶紧从文件袋中验证，小B的字条果然在。这时，我的心里更加不安，这么看来，是小A，不仅拿了钱，可能还说谎了。

事后，在空无一人的办公室，我又找来小A，轻声地问了一句："我今天找过小B了，你有话要对我说吗？""对不起，我说谎了。"小A低下了头，默默流下了眼泪。她说只是因为想要多点零花钱买零食，没想到会这么严重。我和她约定："钱我先垫出来，但你要靠自己的劳动和努力赚取工资，用两个月的时间还给老师，可以吗？"

第二天，我站在讲台上，用沉稳可信的声音告诉全班同学："所有的字条我都看过了，终于，在一张字条中看到了勇于认错的心。""这说明这位同学认识到了自己的错误，并且勇于改正错误，这样的勇气是令我们大家都敬佩的！"话音未落，孩子们便陆续鼓起掌来。小A也红着脸微笑着，向我投来感谢的目光。

最后，我们针对本次事件进行了小结，分享大家提出的建议并让每个人明白，人在成长的道路上总会犯错，老师也是如此，犯错不要紧，重要的是敢于承认错误并吸取教训。都说青春期的孩子做事欠考虑，成长期的教师何尝不是如此？给学生种下一颗信任的种子，让他们在集体的关爱中完善自我。这次丢钱风波虽然考验的是孩子，但也让我更明白：勿忘初心，相信每一个孩子都是善良的天使。

从"捣蛋鬼"到小助手

杨婷

2017年，我担任初三（2）班的班主任工作。这是我第一次担任班主任，新的工作，新的挑战，能够让我的教育生涯更加完整和充实。所以，我更愿意以新的姿态、新的面貌去面对工作，面对一个个天真可爱的学生。回顾这将近两年的班主任工作，我深切地体会到：只有带着关爱走进学生的世界，贴近学生的心灵，关注学生们的一言一行，才能使学生们亲其师、信其道，才能在学生们幼小的心灵里播下美好思想的种子，才能使孩子们在一个温暖和谐的班集体中获得身心的健康发展。

我班有个学生叫小陈。我刚接这个班时，他上课要么睡觉，要么影响别人学习，对学习一点兴趣都没有；下课追逐打闹，喜欢动手动脚；各科作业经常不做……每天不是科任老师诉苦就是学生向我告状。于是，我找他谈话，希望他能遵守学校的各项规章制度，以学习为重，按时完成作业，知错就改，争取进步，争取做一个他人喜欢、父母喜欢、老师喜欢的好孩子。他每次都是口头上答应，可行动上一如既往，毫无长进，真是"承认错误，坚决不改"。此时我的心都快凉了，算了吧，每次都自我安慰，或许他是根"不可雕的朽木"。但又觉得身为班主任，不能因一点困难就退缩，不能因一个问题学生无法转化而影响整个班集体，必须面对现实。我心一横：不转化你，誓不罢休。他无进步，或许是他并没有真正认识到自己的错误，没有真正要做个受人喜欢的人的念头。

为了有针对性地做工作，我决定先让他认识自己的错误，争取做个受人喜欢的人。于是我再次找他谈话，谈话中，我了解到他是一个控制不了自己情绪、缺乏自控力、沉迷网络游戏的孩子，每次在与这名孩子沟通的时候，我都是忠实的倾听者，以朋友的身份让他说出做这件事情背后的理由，当他错误的观念影响他的行为时，我会进行适当的引导，同时表达出老师对他很高的期待和要求，相信他只要慢慢地一点点地改变就可以做得更好。我也经常与小陈的父母沟通，了解到他爸妈离异，他跟妈妈一起生活，妈妈是一个对他有高要求的家长，可能管教孩子的方式过于严厉，让他产生了逆反心理。对于这个问题，一方面与他妈妈沟通，提醒她改变方式进行教育；另一方面跟孩子分析妈妈这样做的背后深层次的原因是爱，让孩子与妈妈换位思考一下，体谅妈妈在教育引导自己过程中的艰辛和不容易。另外，了解到孩子更愿意配合爸爸的教育，也多次与小陈爸爸沟通孩子在校的表现情况和需要父母配合教育的地方，通过家校合作的完美配合，小陈在学校的纪律上和学习上都有了很大的进步，当他有一点进步时，我就及时表扬、激励他，使他处处感到老师的关心，他也逐渐明白父母和老师对他的良苦用心。

为了提高他的学习成绩，除了在思想上教育他、感化他，我特意安排了一个责任心强、学习成绩好、乐于助人、耐心细致的女同学——小李跟他坐同桌，目的是发挥同桌的力量。事前，我先对小李同学进行了一番谈话：为了班集体，不要歧视他，要尽你自己最大的努力，耐心地帮助他，使其进步。小李同学满口答应，并充分利用课余时间或课堂时间帮助他、教育他。有时，小李同学也会产生一些厌烦情绪，说他不太遵守纪律，不喜欢学习，影响她的学习……此时，我就跟小李同学说："要有耐心，慢慢来。"后来，他取得进步时，除了表扬他，我还鼓励他说："这也离不开同学们的帮助，特别是小李同学的帮助。"在同学们的帮助和他自己的努力下，他各方面都取得了不小进步。他学习上更努力了，也更遵守纪律了，甚至当起了值日生，劳动也更积极了，成绩也有了很大的进步。为此，我会心地笑了。后来，有一次我找小陈谈话时，他说："老师，小李同学这样关心我，爱护我，帮助我，如果我再不努力，对得起她吗？"我笑着说："你长大了，懂事了，进步了，我真替你高兴。"

通过将近两年的努力，终于取得了令人开心的成果：小陈同学摇身一变，由"捣蛋鬼"转变为我的得力助手，由问题学生转变为先进生。他无论在哪里见到我，都会亲切地叫上一声："老师，您好！"离开办公室的时候都会跟老师说"再见"！对于他这种对老师态度的转变，我真是发自内心的开心和幸福。

第四篇　桃李春风：德育工作

　　在更新教育观念的今天，作为一个热爱学生的教师，有责任让学生树立信心，进而达到育人的目的。愿我们携起手来乘着赏识之风，捧起关爱之情，燃起信心之火，播下希望之种，使每一名问题学生都能沐浴在师生的关爱之中，共同把问题学生转化成先进生，成为国家的栋梁之材。

主题班会设计

沟通新密码——非暴力沟通

郭洋洋

非暴力沟通主题班会设计表

学校	珠海市第十三中学	年级班级	2018 初一（8）班	执教时间	2018年12月13日下午第8节
班会主题	沟通新密码——非暴力沟通			执教教师	郭洋洋
目标与要求	通过本节课的学习，学生了解在家中和学校常见的一些暴力沟通的情况。如何使用四步法进行良好的沟通			设计要点	基于马歇尔·卢森堡博士的畅销书《非暴力沟通》。情境表演，情境浸润
主题班会的组织与实施	本次主题班会在学校的云教室进行。班会主要包括以下几个方面： 1. 导入：关于"语言"的名言名句 班会开始时，郭老师展示了有关"语言"的一些名人名言，并引导学生进行头脑风暴——"语言是什么？语言的功能是什么？"学生踊跃回答，分享自己的所思所想——语言的功能主要是沟通，幽默的语言能给人带来快乐。 2. 展示：常见的语言暴力有哪些 在此基础上，郭老师引导学生继续思考，除了这些正面的功能，是否存在一些负面的语言呢？同时展示家长、同学之间可能存在的一些过激的语言，进入今天的班会课主题——非暴力沟通。 3.《非暴力沟通》的四个步骤——观察、感受、需要和请求 在学会如何运用非暴力沟通之前，需要了解和界定非暴力沟通的四个步骤。它们分别是观察、感受、需要和请求。在这个环节中，郭老师展示了四个步骤的定义以及具体的例子，方便学生理解，并且在每个步骤之后进行正误判断。学生们则是一个个小法官，运用自己的聪明才智对内容进行准确判断。				

主题班会的组织与实施	接下来，就是具体的运用。首先，大家一起看了一个"暴力沟通"的案例：一位父亲的不恰当语言——"你不觉得丢人，我还觉得丢人呢。你看人家孩子怎么做的，你是怎么做的？" 然后大家一起来分析这位父亲语言背后的真实想法并进行改编，得到了一个和谐友爱的版本："孩子，你这么做，爸爸感到很生气和羞愧，同时有点失落。我希望你能上课的时候不说话、不插嘴，好吗？" 4.剧本改编——和谐友爱版（学生即兴表演） 下一个环节，"我是热心小帮手"。6名同学将两个暴力沟通的情境（因手机和父母发生争执，同学之间的小纠纷）逼真地表演出来，场面一度十分紧张。之后，学生8人一组，对刚刚的案例进行分析，运用非暴力沟通的四个步骤，改编原本有些暴力的对话。小组讨论结束后，学生活灵活现地表演了新版的沟通，这次，场面非常和谐友爱，充满了欢声笑语。 5.××，我想对你说（真心话大表白） 接下来，郭老师引导学生思考，在平时和父母、同学沟通的过程中，是否存在某些语言过激或沟通不畅的情况，并请学生运用非暴力沟通的方式表达出来。学生非常友好地提出了一些问题，对方也非常乐意地接受了建议。 最后，在铃声中，大家一起朗读了鲁思·贝本梅尔的《语言是窗户（否则，它们是墙）》，并结束了此次的主题班会
自我评价	本次班会课基于平时观察到的学生和家长之间常用的暴力语言与给彼此造成的伤害。希望通过本次班会课，能带给学生和家长一些新的观念。 整体组织有序、高效，不过在实施过程中，发现学生对于部分概念的理解不是很到位，可能在语言上需要简化和修饰
导师评价	郭老师的主题班会非常高效、思路清晰，学生反馈也比较热烈。当然，也存在一些不足，如在学生的调动上可以更加活泼，也可以邀请家长，让家长和学生一起参与到这个活动中 （另附教案） 指导教师_____（签名）

个人责任与班级共建

卢昌菊

个人责任与班级共建主题班会设计表

学校	珠海市第十三中学	年级班级	2018初一（7）班	执教时间	2018年10月22日下午第8节
班会主题	责任——个人责任与班级共建			执教教师	卢昌菊
目标与要求	1. 明确责任的含义，明确个人责任与班级共建的关系。 2. 做一个有责任心的人。 3. 从小事做起，养成好习惯			设计要点	1. 听故事，谈感受。 2. 展示家长寄语，体悟责任期望。 3. 明责任概念，懂得个人责任与班级建设的关系。 4. 用视频《人生背负的十字架》结束
主题班会的组织与实施	一、故事导入 一名公交车司机行车途中突发心脏病，在生命的最后一分钟里做了三件事： （1）把车缓缓地停在马路边，并用生命的最后力气拉下了手动刹车闸； （2）把车门打开，让乘客安全地下了车； （3）将发动机熄火，确保了车和乘客、行人的安全。 他做完了这三件事，安详地趴在方向盘上停止了呼吸。这名司机叫黄志全，很多大连人都记住了他的名字。 从这个故事中，你读到了什么？谈谈你的感受。 生发言、师点评，引入责任的话题。 看了别人的故事，接下来看看你们的爸爸妈妈对你们的成长与未来会有什么样的期待呢？ 二、配乐展示家长寄语 小结：每个家长对自己孩子的期待都不一样，但是绝大多数家长都提到了一点，就是希望自己的孩子能够成为一个富有责任心、学会负责任的人				

主题班会的组织与实施	三、什么是责任 对"责任"的理解通常可以分为两层意义：一是指社会道德上，个体分内应做的事，如职责、尽责任、岗位责任等。二是指没有做好自己的工作，而应承担的不利后果或强制性义务。责任意识，是"想干事"；责任能力，是"能干事"；责任行为，是"真干事"；责任制度，是"可干事"；责任成果，是"干成事"。 责任心就是关心别人，关心整个社会。 简单来说，责任就是既要做好自己的分内事，又要关心他人、关心集体。 四、个人责任与班级建设 1.配乐展示开学以来班里出现的负责任的人和事，图片加解说。 2.学生思考总结开学以来自己不够负责任的行为。 善于反思自己的行为就是对自己负责任的一种表现。我们一天中除了睡觉之外的大部分时间是在学校、在班级中度过的。在班级中，我们应该怎么对班级负责？ 小组讨论，罗列出学生可以为班级负责的事情，写在纸上，派代表发言。 3.写下责任状，贴在班级责任状上，共同监督，共同把我们（7）班打造成干净、文明、团结、友爱的班级。 五、结束 视频《人生背负的十字架》。 六、板书设计 责任——个人责任与班级共建 责任——对自己负责——对家庭负责——对社会负责
自我评价	用心进行课件设计，班会课上时间把握较好，能够利用现有资料把学生带入情境。尊重学生的体验，讨论充分，并及时得出解决方案。最后的视频升华感情具有感染力。不足之处是教师控制流程的痕迹明显，整个班会过程不是根据学生情感的自然流露而推进的
导师评价	班会设计有条理，能够结合班级实际情况来开展，引导学生共同解决班级问题，主题有意义。班会实施过程有条不紊且具有感染力，是一节成功的班会 （另附教案） 指导教师_____（签名）

垃圾分类新时尚，文明之风我先行

温苑华

"垃圾分类新时尚，文明之风我先行"主题班会设计表

学校	珠海市第十三中学	年级班级	2020 初二（6）班	执教时间	2020年5月18日下午第7节
班会主题	垃圾分类新时尚，文明之风我先行			执教教师	温苑华
目标与要求	学生了解垃圾的来源和危害，学习垃圾分类的重要意义，掌握生活垃圾的分类方法，养成垃圾分类的好习惯。并且以小手拉大手，带动家长一起学习和践行垃圾分类，促进生态文明建设不断发展			设计要点	垃圾的来源、危害，减少垃圾的方法，垃圾分类的意义，生活垃圾四分类
主题班会的组织与实施	一、视频引入 学生观看《人民日报》视频：《垃圾分类》，邀请两名学生简单谈谈自己的感想。 （设计目的：视频引入，吸引学生课堂兴趣） 二、垃圾的来源 同学们，你知道垃圾的来源吗？垃圾来自我们的日常生活，如家庭、学校。我们的班级每天都会产生垃圾，它们又从何而来？同学们都有过做班级值日生的经历，当你们倾倒垃圾桶的时候，是否关注到垃圾桶里有哪些垃圾呢？说一说班级垃圾的种类和产生原因。 （设计目的：学生初步了解垃圾来源，了解生活中的垃圾，培养环保意识） 三、垃圾的危害 同学们，垃圾来源于我们的日常生活，垃圾不仅会散发恶臭，还有许多危害。同学们知道垃圾有哪些危害吗？ （设计目的：学生了解垃圾危害，应该减少垃圾，保护生态环境） 四、减少垃圾的方法 同学们，你愿意生活在一个充满垃圾的世界里吗？让我们一起想办法处理垃圾吧！在这之前，请你们小组讨论怎样才能减少垃圾的产生。				

学生回答：坚持垃圾分类使垃圾减量，循环利用，变废为宝……

在学生讨论交流的基础上，展示生活中变废为宝的案例，让学生体验到只要有心，生活中的垃圾都能变废为宝，以点缀生活，减少环境污染。

小结：垃圾是放错位置的资源，垃圾里蕴含着巨大的资源潜力。混放是垃圾，分类是宝贝。

（设计目的：培养学生树立保护环境、垃圾分类、废旧物品循环利用的环保意识。让学生进一步感受到环保就在我们的身边，体验到一起参与垃圾分类的快乐）

五、垃圾分类的意义

下面请同学们看一组数据，2019年，珠海市每天的生活垃圾清运量高达1万吨，每30天的生活垃圾就可以堆出一栋金茂大厦。同学们，随着经济发展和生活水平的提高，"垃圾围城"问题日渐突出。如果不实行垃圾分类，减少垃圾，垃圾将包围城市，人们会生活在垃圾中，生活和健康会受到影响。同学们，多年以来，人们仅仅靠道德力量来进行垃圾分类，依靠这一点还是不够，还需要依靠法律的力量。近日，珠海市实行垃圾分类管理制度。

（设计目的：通过数据，学生能够直观地感受垃圾分类的必要性）

六、生活垃圾四分类

按照珠海的管理条例，我们的生活垃圾该怎样分类呢？下面请同学们学习一下。珠海目前的垃圾分类标准为四分法，即可回收物、有害垃圾、厨余垃圾和其他垃圾，对应的垃圾桶颜色分别为蓝色、红色、绿色和灰色。

（1）可回收物，是指适宜回收和可资源化利用的生活垃圾，如纸类、塑料、金属、玻璃、织物、小型废弃家电等；

（2）有害垃圾，是指纳入《国家危险废物名录》中的家庭源危险废物，属于有害物质，需要特殊安全处理的生活垃圾，如对人体健康或者对自然环境造成直接或者潜在危害的灯管、家用化学品、电池等；

（3）厨余垃圾，是指以有机质为主要成分，具有易腐烂、发酵发臭等特点的生活垃圾，如家庭厨余垃圾、餐厨垃圾、其他厨余垃圾等；

（4）其他垃圾，是指除可回收物、厨余垃圾、有害垃圾以外的其他生活垃圾。

小结：同学们，分类生活垃圾对于我们每个人来说是举手之劳，但这一行为可以说是功在当代、利在千秋，为子孙后代造福的文明之举。我们要遵守香洲区生活垃圾四分法规则，将生活垃圾分为有害垃圾、厨余垃圾、可回收垃圾、其他垃圾四类，分别对应红色、绿色、蓝色和灰色垃圾桶，请大家投放时认清相关标识。

七、垃圾分类新时尚，文明之风我先行

1.有奖问答活动环节

学生通过视频学习垃圾分类的方法。

设置20道关于生活垃圾分类的题目，学生举手抢答，回答正确每道题加2分。

主题班会的组织与实施

主题班会的组织与实施	（设计目的：该活动调动学生学习垃圾分类的积极性和掌握垃圾分类知识） 2.利用希沃软件调动学生参与垃圾分类 邀请4名学生代表进行垃圾分类挑战，学生拖动垃圾到相对应的垃圾桶，看谁做得又快又准确，优胜小组加2分。 （设计目的：该活动旨在通过有趣的垃圾分类游戏，深化学生对垃圾分类的认识和理解，牢固树立垃圾分类意识，并落实在日常生活中） 八、颁奖 获胜的小组获得"垃圾分类小能手"称号，并给学生颁发奖状及小礼物。 九、分享收获与总结 1.邀请2名学生分享本节课的收获，如通过本节课，我懂得了垃圾分类知识及重要性，在家我会坚持垃圾四分法原则，也会和长辈普及垃圾分类的知识以及垃圾分类对环境的意义。 2.教师归纳补充。 作业： 制作一份A4纸大小的垃圾分类手抄报，并向家人宣传垃圾分类知识，带动家长一起学习和践行垃圾分类，促进珠海生态文明不断发展。 （设计目的：通过制作垃圾分类手抄报，在学校开展垃圾分类的宣传活动，使垃圾分类这一文明行为走进学校、走进家庭、走进社区，使珠海环境更美好） 教师寄语： 同学们，让我们行动起来，齐出一份力、同尽一份心、共担一份责，从身边做起、从点滴做起，从源头实现生活垃圾减量，养成主动分类、自觉投放的行为习惯，向家人宣传垃圾分类知识，为建设美丽香洲贡献力量吧！ 板书设计： 垃圾分类新时尚，文明之风我先行 垃圾分类小能手分数： 红队： 垃圾的来源 黄队： 垃圾的危害 蓝队： 减少垃圾的方法 绿队： 垃圾分类的意义和方法
自我评价	本节课学生参与度高，通过学习，学生掌握了垃圾分类的知识，有助于养成主动分类、自觉投放的行为习惯

导师评价	本节课设计流程，利用希沃游戏吸引学生学习兴趣，学生能够深入了解垃圾分类，学习垃圾分类知识，养成绿色环保意识，并且以小手拉大手，带动家庭、社会进行垃圾分类，给美丽的珠海贡献一份力量 （另附教案） 指导教师＿＿＿＿＿＿＿（签名）

最美教室

和而不同，至善至雅。

承北山古韵，泽书香情怀。

引前山河水，润桃李春风。

这是珠海市第十三中学新建兴伊始，校长张磊的题诗，亦是本校校园文化奠基石。校园建筑布局因地制宜、浑然天成。各幢建筑错落有致，品雅楼、格雅楼、知雅楼、博雅楼、集雅楼、臻雅楼，层层次第展开，如打开的书页，也宛若迎风舞动的风帆。

大美隐于室，至善藏于心。建筑、课室是教书育人的空间，也是办学理念、班级文化的凝练与扩展。在十三中师生眼中，家国情怀、四季变换、景物变迁、春花秋月、春华秋实，隽永师生情、真挚同窗情……青春的风花雪月，人生的聚散离合，都发生、发展在美好的校园里。

各美其美，美美与共，立德树人，以美育人，珠海市第十三中学一直在砥砺前行。让育人空间美轮美奂，让教育沃土欣欣向荣，让德智体美劳交相辉映、五育共融。

承天时之美，养地利之灵，蕴人文之和，铸文化之雅。"和而不同，至善至雅"的环境之美及育人空间里，每天都有灵动的教育智慧在汩汩流动，每天都有生命拔节的成长故事在演绎……

松柃阁

班级：2019级（8）班　辅导老师：陈跃璇

一、设计理念

"岁寒，然后知松柏之后凋也。"中华文化历来借松比喻在逆境艰困中能保持节操的人。千百年来，我们传承和弘扬松树精神，提取松树高大挺拔的崇高美、凌霜傲雪的坚贞美、顽强不衰的生命美和千姿百态的形态美等美好的象征意象，也寄托着对人格理想的追求和赞美。因此，班级以"松文化"作为班级文化内涵的重要参照体，以松喻德、以松比人，希望松柃学子能在此成长、成人、成才。（见图2）

图2

二、设计意图

秉承"洁清若泉，立品如松"的文化主线，希望学生在一个自然和谐、积极向善的书香雅室里度过三年的学习生活，因此教室设计的主要风格为自然风，基本采用木材、麻绳等天然材料，由学生及家长共同动手制作和装

饰。（见图3）

图3

凌云顶

名称源于古句"时人不识凌云木，直待凌云始道高"。悬挂在走廊上空的小松木板的正面是松枨学子们侧耳倾听内心后发挥想象的创作，反面刻录着学生们对未来三年的寄语以及对未来美好生活的憧憬。把梦想悬挂在头顶，是因为梦想就是明灯，指引前进的方向，照亮茫茫前路；把梦想悬挂在头顶，是为了时刻约束自己、时刻鞭策自己，让我们不忘初心。小松木板的下端悬挂着的小松果，寓意着父母对子女们美好的祝愿，希望每个学生健康、平安，成为有思想、有目标、有追求的青少年；期望三年过后，每一个学生都满载而归，踏入更加广阔而美好的明天。（见图4）

图4

绘松廊

教室外侧的走廊是由班级学生亲自绘制的松木画装饰而成的。松柃学子选择或熟悉、或喜爱的植物或是珠海地标绘于木桩上，发挥想象到酣畅，运用色彩到极致，只为让未来将生活三年的教室拥有属于我们自己的印迹。（见图5）

图5

松壑品阅

"立身以立学为先，立学以读书为本。"松林阁的松壑品阅区乃学生诵读经典、品阅美作之佳境。坐在这里，仿佛置身于苍天古松下，形成一个寂静安谧的小环境，让每个学生都能够放空内心，在闲暇之余畅游书海；上有文房四宝相衬，供学生们执笔书写中华文字的艺术之美。（见图6）

图6

字画区

乳虎啸谷，鹰隼试翼，自强不息，成就优秀。班级口号源自《少年中国说》一文，每一位松枰学子都是新时代少年，他们肩上不仅有草长莺飞，更有着时代使命。（字：周子琼）（见图7）

图7

日月台

名出于诗句"迎风傲雪耐霜冻，穹石埋根摇日月"，负责展示学生努力过后的成果，激励学生不畏困难、奋勇向前。（见图8）

图8

知风角

摘自"凌风知劲节，负雪见贞心"，主要用于张贴班级公告及一些班级小测等级的展示。二者结合，在如此浓厚的文化氛围中，学生定能乐学、善思、修身、养性。（见图9）

图9

向阳松影

"不肯置身于丘壑中，而一心倾向着阳光。"作家丰子恺对松树的描写言近旨远，这是松枡学子最初的模样。即使时光荏苒，我们再也无法找回昨日的心境与田园，但我们依然坚守着内心的美好。（见图10）

图10

古训良言

"古训良言"在阁内随处可见，以此随时警示、督促学生。学生需要遵古、守古，做到仁爱、有礼、知惜、立志，与走廊内墙的《弟子规》竹简相呼应，让古言古训深深烙在学生心中。（见图11）

图11

松枒榜

此乃松枒阁每月阁内量化考核公布区，以"竞争+合作"的模式，激发学子们的竞争意识，有助于学生在日后的学习、生活中更能脱颖而出，更能独立；适当的团结合作让学生凝心聚力，形成团队意识。如果要使得一个学习团队自身处于最佳状态，就需要互相汲取、互相学习、互相进步。（见图12）

图12

小松目标牌

小小的一张目标牌，承载的是松枒阁全体学生的心语。左侧是学生为自己定下的短期目标，右侧是父母对子女的殷殷期盼与暖心加泊。小小的目标牌挂在窗边随风摇曳，也牵系着学生的心。（见图13）。

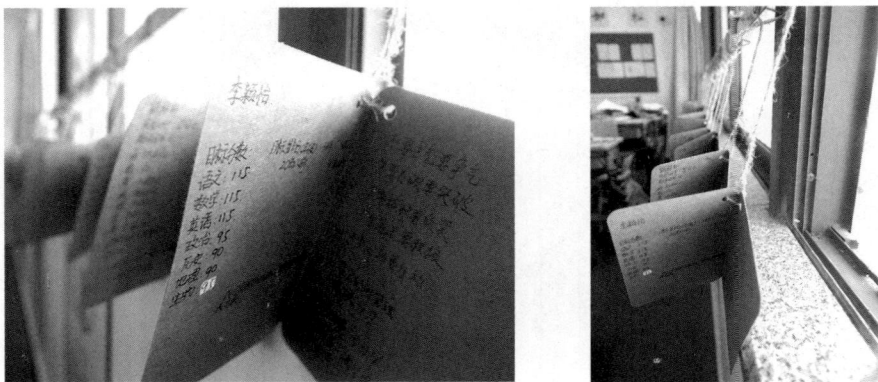

图13

绿植区

绿色植物是生命力的象征，在教室的角落布置植物，一是为了给松柃学子提供清新淡雅的学习环境；二是希望在护理植物成长的过程中培养他们的责任担当意识和关爱呵护生命的美好品质。（见图14）

图14

三、结语

松柃阁是一间由学生与家长共同打造的和雅教室，他们利用周末或工作日晚上来到学校钻墙打孔、锯木搭架，同心凝聚，用爱打造。与其说这是一间美的教室，不如说是将48个小家庭凝聚在一起的爱之家。

玉青阁

班级：2017级（8）班　辅导老师：肖娟

一、设计理念

　　"竹"这个形象深深植根于中国传统文化，为人们所喜爱。竹与梅、松被古人冠以"岁寒三友"之名，又与兰、梅、菊并称"四君子"。竹子具有"宁折不弯"的豪气和"中通外直"的胸襟，它性质朴而淳厚，品清奇而典雅，形文静而怡然。班级文化建设以"竹"为主题，以竹喻人，以期养竹之清气与正气。

二、设计意图

　　希望学生成长于一间清新的书香雅室，更重要的是在这个父母、老师和自己亲手布置的竹韵雅室中，学习和修炼竹的品格，深深扎根，谦虚谨慎，自强不息，待到毕业之时如春笋，经历风雨洗礼，拔节长成谦谦君子，壮志凌云，意气风发。（见图15）

图15

三、班级特色

班名"玉青阁"

唐代诗人李贺组诗中曾有"今年水曲春沙上，笛管新篁拔玉青"的名句。班名取"玉青"二字，是希望2017级（8）班的孩子如修竹，深深扎根，经历风雨洗礼，长成如玉君子，青春丰茂，成"龙材"，立世间。（见图16）

图16

班名墙

配合前门悬挂的木质班牌"玉青阁"，2017级（8）班走廊窗户的一面墙设计成"班名墙"，选取了"箨落长竿削玉开，君看母笋是龙材。更容一夜抽千尺，别却池园数寸泥""阶前老老苍苍竹，却喜长年衍万竿。最是虚心留劲节，久经风雨不知寒"和"凛凛冰霜节，修修玉雪身。使无文与可，自有月传神"等诗句，对班名"玉青阁"进行了解释，同时也是对班级文化建设主题的展示。（见图17）

图17

凌云顶

班级走廊悬挂50根30厘米长的竹筒。班级49个孩子选取每人的一个代表字，以小篆体贴在竹筒上。这些竹筒代表的是孩子们的志向。当你累了、懈怠了，抬头望望你的凌云竹筒，当初的目标实现了吗？今日，你的父母帮你挂上凌云竹筒，三年后，毕业时，当你亲手取下你的专属凌云竹筒留作纪念，是否内心充盈并感谢努力的自己？（见图18）

图18

玉青榜

利用教室后面黑板旁边的空余墙面进行整体设计，两旁选取绿竹为装饰，与班级主题呼应，连班级的挂钟也巧妙地设计了砚台笔墨来进行装饰。而黑板下方则是为学生展现才华专门设置的"玉青榜"，学生的书法作品和

绘画作品等都可以放入框内。（见图19）

图19

文化墙

文化墙的设置，以初中三年学生必读的12部名著为材料，选取每部作品中的一句名言为代表，配合每部名著的特色封面。整个画面设计典雅，书香四溢。当然，这12部名著只是学生阅读的开始，以期借此抛砖引玉，创造阅读氛围，让玉青阁走出的学子都成为温润的读书少年。（见图20）

图20

"勤"劳门

"一屋不扫，何以扫天下"，小小的工具房也是德育的契机，因此我们对工具房进行了富有设计感的装饰。周边加以暗红色古典中国风边框，中间以中国结的形式吊之以水晶字"勤"，我们称之为"勤"劳门。勤打扫，进

而勤学习、勤阅读、勤思考。（见图21）

图21

照片墙

照片墙安排在前门黑板旁。以竹栅栏为背景，在麻绳上夹上小夹子，挂上班级活动照片，满满的回忆，满满的温馨。再搭配以点缀其中的新绿立体竹贴纸，色彩清新，课间驻足，令人心动。（见图22）

图22

细节

　　诸多细节也是别出心裁。原本只是一个带透明盖子的总电闸，被安装了一面印有倒"福"字的推拉门，一下子变得有韵味且有了家的温暖。玻璃窗也贴上了中国风的方格和祥云窗花，让整个教室更加雅致古朴。走廊与班名墙相对的外墙，以简单而错落有致的翠绿竹片装饰，加上两盆高1.8米的罗汉竹真盆栽，使整个玉青阁在雅致中更加生机勃勃。班级书柜上，除了鱼盆上灵动的竹排，还有苍翠的文竹、龟背竹、富贵竹等盆栽，还有水写笔墨，供学生下课休闲放松。（见图23）

图23

宗师堂

班级：2019级（9）班　　辅导老师：徐宗诗

一、设计理念

沉静、简洁、富有创造力。

二、设计意图

将中国传统文化和现代文化结合，让学生在竹篱、兰、木桩组成的自然环境中学习，在儒家精神的熏陶下成长，并利用教室外墙、走廊书页吊饰和教室内后墙的展示板，让学生充分发挥想象力和创造力，纯手工打造独一无二的班级文化环境。

古人有云："寻博士之官，为天下宗师，使孔圣之言传而不绝。"从古至今，凡能被称作"宗师"之人，或为国风之巨匠，或为开宗之鼻祖。2019级（9）班命名为"宗师堂"，一是希望班级学生树立远大的抱负，向高处发展；二是希冀2019级（9）班如"京师大学堂"一样，成为培养人才的摇篮。

2019级（9）班布置教室图文说明。（见图24）

图24

青云顶（走廊吊饰）

"志存高远气冲霄汉，壮志凌云响彻九天。"不当燕雀，必先立青云之志。走廊悬挂书页形状的木贡白胚，由学生亲自书写中考目标，勾画未来的图景。（见图25）

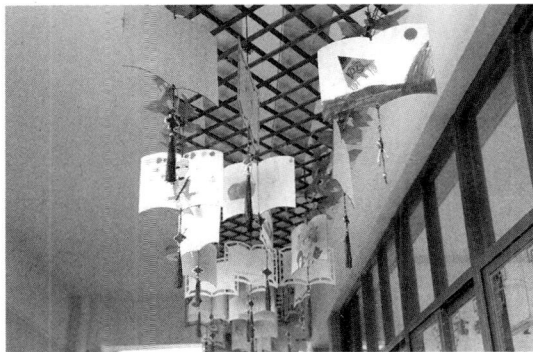

图25

博观道（教室外墙）

教室窗户下的外墙作为学生上下学和课间经常经过的空间，是学生对外展示才华的绝佳平台。外墙被设计成一面涂鸦墙，由学生描绘心中的世界。"一花一世界，一木一浮生。"星空、黎明、海洋、绿地，一幅幅构图大胆、色彩鲜艳的圆木桩画就如一扇扇窗口，向过往的学生、老师呈现形态各

异的浮生种种。（见图26）

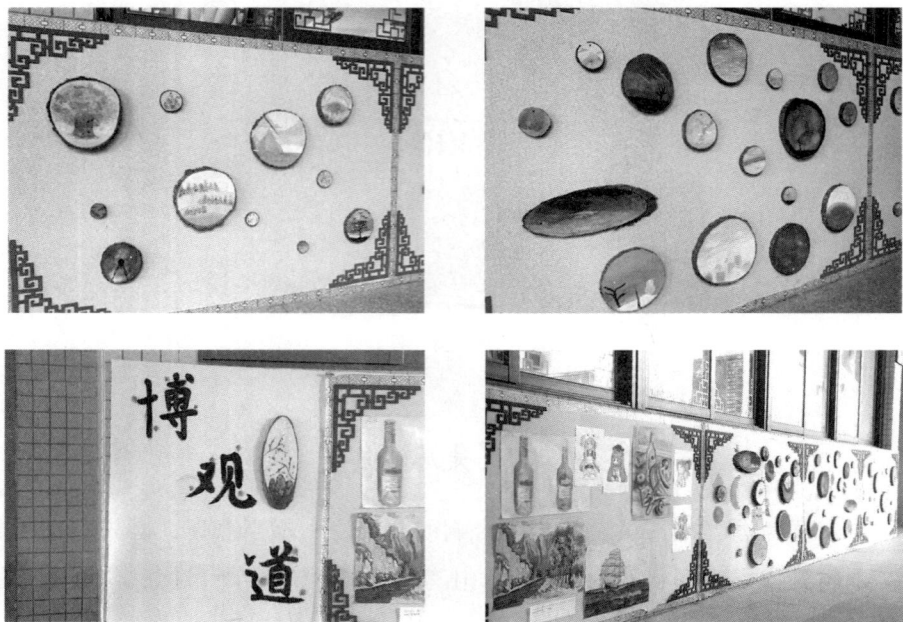

图26

室内字幅

图书角两端挂有家长书写的两幅书法作品，分别为"博学慎思"和"明辨笃行"。《礼记·中庸》第十九章有云："博学之，审问之，慎思之，明辨之，笃行之。"这八个字源自儒家文化中的哲学思想，也是为学的几个递进的阶段。

博学慎思："博学"意为在学习上博取众知，对知识孜孜求索；而"慎思"则要求求知者对所学进行思考，敢于质疑权威。对治学而言，博学与慎思，二者同等重要，不可偏废。

明辨笃行：既要去伪存真、去粗取精，又要努力践履所学，使所学最终有所落实，做到知行合一。（见图27）

这也是2019级（9）班为学的宗旨。

图27

宗师榜（教室后墙）

黑板报右侧悬挂着学生自己设计的班旗，旗上是呈"9"字形状的龙（见图28）。这面班旗曾陪伴学生走过运动会入场式，并取得了第三名的好成绩；也见证了2019级（9）班驰骋在赛道上的英姿，拿下团体总分第六名。这面旗帜也是2019级（9）班的精神之旗。

图28

黑板报下方的毛毡板区域是学生学习、德育、才能比拼的擂台。各科的"学习之星"和"进步之星"的照片张贴在光荣榜上，学生的英语手抄报和小组竞赛的得分板也展示于此（见图29）。希望在励志标语的鼓舞和同伴的激励下，2019级（9）班同学能形成你追我赶、团结协作的态势。

图29

细节

配合班级文化，教室外走廊装饰了木栅栏并种植了吊兰；教室前黑板两侧装饰了壁挂绿植和绿色贴纸，力图让学生在绿色、温馨、富有生机的环境中学习。（见图30）

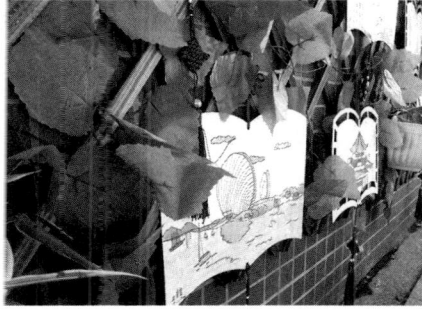

图30